Eva-Maria Admiral/Eric Wehrlin: Vorhang auf!

Eva-Maria Admiral/Eric Wehrlin

Vorhang auf!

Theaterspielen in der Gemeinde

R. BROCKHAUS VERLAG WUPPERTAL

ABCteam-Bücher erscheinen in folgenden Verlagen:

Aussaat Verlag Neukirchen-Vluyn
R. Brockhaus Verlag Wuppertal
Brunnen Verlag Gießen und Basel
Christliches Verlagshaus Stuttgart
Oncken Verlag Wuppertal und Kassel

2. Auflage 2001

Titelgestaltung: Dietmar Reichert, Dormagen
Fotos: Helga Jung, Witten
Druck: Breklumer Druckerei Manfred Siegel KG
ISBN 3-417-11244-3
Bestell-Nr. 111 244

INHALT

VORWORT

Starke Einstiege

Ich gestehe, daß ich mit Anspielen vor Predigten oft meine Schwierigkeiten hatte – nicht nur dann, wenn sie mich als Prediger ohne Vorinformation trafen. Klar, sie waren oft gut, manchmal auch nur gut gemeint. Oft war ich auch einfach zu blöd, um einfühlsam anzuknüpfen. Man hat schließlich seinen eigenen Stil, in die Predigt einzusteigen.

Eva-Maria Admiral und Eric Wehrlin haben mir mit ihrer wunderbaren Schauspielkunst eine ganz neue Erfahrung vermittelt. Ihre Szenen öffneten die Menschen in einer derart intensiven Weise, wie man das mit keinem noch so originellen Predigteinstieg bewirken kann. Sie verkünden in ihren Szenen nicht das Evangelium, aber sie stellen menschliche Situationen so treffend dar, daß sich die Zuschauer richtiggehend erwischt fühlen. Dabei vermitteln sie nicht selten schmerzliche Erkenntnisse, die dadurch für die Zuschauer annehmbar werden, daß man unwillkürlich über sich selbst schmunzeln, manchmal auch laut lachen muß.

Ich habe erlebt, daß durch diese Schauspielkunst Menschen auf die Verkündigung des Evangeliums wunderbar vorbereitet werden. Kunst und Evangelium gehören zusammen, weil Gott der Schöpfer ist, der seine Geschöpfe kreativ begabt hat. Das gilt für die Malerei, die Musik und eben auch für die Schauspielkunst. Dabei darf, ja muß der Anspruch hoch sein, weil für Jesus und für die von ihm geliebten Menschen das Beste gerade gut genug ist.

Ich bin sehr dankbar, daß ich bei ProChrist mit Eva-Maria und Eric zusammenarbeiten durfte. Sie sind hervorragende Künstler, die mit großer Hingabe und Demut Gott und den Menschen dienen wollen.

Ich freue mich, daß sie mit diesem Buch etwas von ihrer Erfahrung an Mitarbeiterinnen und Mitarbeiter in den christlichen Gemeinden und Gruppen weitergeben. Ich bin sicher, das wird segensreich wirken.

Ulrich Parzany

ZU DIESEM BUCH

Dieses Buch ist als Praxis-und Übungsbuch konzipiert. Es werden Ihnen viele Übungen zur Auswahl angeboten. Bitte lassen Sie sich nicht von der Menge abschrecken.

Versuchen Sie nicht, alle Schritte auf einmal zu tun. Auf keinen Fall sollten Sie brav alle Übungen abarbeiten. Dies wäre nicht nur ein völlig unnötiger Leistungs- und Perfektionsstreß, sondern würde auch am Ziel vorbeiführen.

Verwenden Sie dieses Buch während Ihrer Arbeit zum heimlichen Experimentieren. Nehmen Sie sich jeweils nur eine Aufgabe vor, die Ihnen gerade am Herzen liegt.

Lesen Sie dieses Buch nicht brav von vorne bis hinten durch, um dann alle Übungen anzuwenden. Nehmen Sie es lieber ab und zu zur Hand, um sich einen neuen Schritt als Herausforderung auszusuchen.

Verwenden Sie diese Übungen auch als Bereicherung für Ihr persönliches Leben und Ihren beruflichen Alltag. Sie werden dadurch vieles intensiver erleben können, entspannter sein, neue Entdeckungen machen, sich kreativer und reicher fühlen. Nehmen Sie sich für jeden einzelnen Schritt eine angemessene Zeit.

Schauspieltraining erscheint auf den ersten Blick sehr zeitaufwendig. Sie fragen sich vielleicht, ob sich der Aufwand lohnt. Das wunderbare an all diesen Aufgaben ist, daß sie auch Ihr alltägliches Leben nachhaltig positiv beeinflussen werden – auch wenn Sie diese Übungen nicht immer gleich auf der Bühne umsetzen können. Nicht für die Bühne, für das Leben lernen wir ...

Braucht ein talentierter Schauspieler überhaupt eine Methode?

Diese Frage wird am besten mit einer Gegenfrage beantwortet: Braucht ein intelligentes Kind eine Schule? Braucht ein zivilisierter Mensch Kultur? Jede Kunst, auch die des Schauspielers, hat ihre Berufstechnik, ihre Prinzipien. Ohne Kenntnis dieser Gesetze ist es nicht möglich, Talent zum Ausdruck zu bringen. Ebenso müssen Musiker, Architekten, Maler die Grundgesetze ihrer Kunst studieren, bevor sie ihrem Talent Ausdruck verleihen können.

Ohne die nötige Schulung kann Talent nicht zu Tage treten und sich entfalten.

Der beliebteste Mythos über berühmte Schauspieler ist, daß sie nie eine Schauspielschule besucht hätten. Es verkauft sich einfach viel besser zu schreiben: „Die ehemalige Verkäuferin Marylin Monroe wurde als Naturtalent für den Film entdeckt…" Alle Schauspieler, von denen dies immer wieder behauptet wird, haben nachweislich eine hervorragende Ausbildung genossen. Selbst wenn sie keine staatliche Schauspielschule besucht haben, so hatten sie doch außergewöhnliche Privatlehrer. Immer wieder lesen wir von James Dean, Marylin Monroe, Marlon Brando oder Oskar Werner, daß sie keine Schauspielschule besucht hätten. Nachweislich haben diese Schauspieler jahrelang Unterrricht im Actor's Studio bei Lee Strasberg absolviert. Oskar Werner war in einer privaten Schauspielschule und erhielt dann später Privatunterricht von Werner Kraus. Die meisten großen Schauspieler haben auch während ihrer Theaterarbeit immer wieder Unterricht genommen.

Das Dilemma ist, daß alle großen Schauspieler das Geheimnis ihrer Kunst wie ihren Augapfel hüten. Sie schreiben in ihren Biographien kein Wort über ihr Training, das sie täglich absolvieren. Es gibt kaum ein Handbuch über die Schauspielkunst, da jeder danach trachtet, seine Kunst für sich zu behalten. Auch in den unzähligen Schauspieler-Interviews lesen wir nichts über all die Übungen, die ein Schauspieler macht, um zu seiner Rolle zu kommen. Jeder fürchtet, durch einen anderen Kollegen ersetzt zu werden, und möchte deshalb das Geheimnis seines Könnens für sich behalten.

Das ist sicher ein Grund, warum man in der breiten Bevölkerung so wenig über die Arbeit des Schauspielers weiß. In Schauspielseminaren und Workshops wird sehr oft Unsinn unterrichtet, da die Lehrer oft selbst nicht wissen, nach welchem System sie vorgehen sollen. Vieles in diesem Buch ist einfach das Resultat unserer nun 15jährigen Theatererfahrung und der Beobachtungen, die wir bei vielen großen Kollegen machen konnten. Aber leider würde keiner dieser Kollegen auch nur einen seiner „Tricks" weitergeben. So stellt dieses Buch auch einen kleinen Verrat an der egoistischen Schauspielkunst dar.

Trotzdem sei an dieser Stelle auch die Warnung ausgesprochen, daß nicht jeder Unterricht, nicht jeder Theaterworkshop empfehlenswert ist. Im Gegenteil. Es wird in diesem Bereich sehr viel Humbug unterrichtet und viele Methoden können ein Talent sogar zerstören, anstatt es zu fördern. Bei der Auswahl seiner Lehrer und seiner Weiterbildung ist deshalb höchste Vorsicht geboten.

Wozu Theater?

Dieses Kapitel hat sehr viel mit meiner persönlichen, privaten Geschichte zu tun. Es erzählt meinen Weg mit Gott in diesem Beruf.

Ich bin sicher, daß Gott jeden Menschen ganz persönlich führt. Deshalb erhebt dieses Kapitel keinen Anspruch auf Allgemeingültigkeit.

Für mich war es ganz entscheidend herauszufinden, ob Gott hinter dem, was ich tue, steht. Hat Gott diesen Beruf für mich als Berufung gedacht, oder ist es einfach nur meine Leidenschaft für das Theater, die mich weitermachen läßt?

Ich glaube, es gibt für jeden christlichen Künstler ein paar Schritte, die wir gehen sollten, wenn wir herausfinden wollen, ob unsere Begabung unsere Berufung von Gott ist oder einfach nur ein Beruf.

Für mich bestand der erste Schritt darin, diesen Beruf zuerst einmal ganz *auf den Altar* zu legen, ganz aufzugeben – ganz entschieden zu Gott zu sagen: „Gott, hier ist mein Isaak, ich gebe ihn dir. Wenn du möchtest, kannst du ihn wieder aufer-wecken – wenn nicht, dann schenke mir eine andere Aufgabe." Gott hat einen Plan.

Für mich kam diese Entscheidung, als ich vor ca. zehn Jahren meine erste Darmoperation hatte. Durch eine Blinddarmoperation entstanden an den Narben Verwachsungen, die zu einem Darmverschluß führten. Vier Monate nach der Operation hatte ich schon wieder Verwachsungen. Die zweite Operation folgte. Ich war am Ende. Wie sollte meine Zukunft mit dieser Krankheit aussehen? Ich fühlte mich am Boden zerstört, da meine Verwachsungen schon nach vier Monaten zurückgekehrt waren. Auf Grund der unerwarteten zweiten Operation und meiner schlechten gesundheitlichen Aussichten sagte ich zu Gott: „Gott, ist es dieser Beruf, der mich krank macht? Ist es der Streß? Soll ich etwas anderes mit meinem Leben machen? Gott, ich gebe dir meinen Wunsch, Schauspielerin zu sein. Ich muß nicht mehr Theater spielen, ich kann auch etwas anderes machen, ich kann auch Missionar werden – was immer du mit mir vorhast ..."

Meistens denken wir ja, daß Gott uns als Missionar in Afrika haben möchte. Ich hatte damals gerade meine vierjährige Ausbildung am Reinhardt-Seminar beendet und schon einige große Rollen gespielt. Da fällt eine solche Entscheidung nicht leicht. Aber angesichts meines gesundheitlichen Zustandes hatte ich gar keine andere Wahl, als mir ernsthaft zu überlegen, was ich mit meinem restlichen Leben anfangen sollte. Ich wollte nicht Theater spielen, wenn Gott etwas ganz anderes, etwas besseres mit mir vorhatte.

Ich mußte eine große Premiere, die Agnes im „Blaubart", absagen. Nach diesem Schritt erhielt ich plötzlich die Einladung, für eine Rolle am Burgtheater vorzusprechen. Etwa fünfzig andere Bewerber kämpften um eine Rolle in einem Brecht-Stück. Der Regisseur war Manfred Karge. Die Gerüchteküche berichtete, daß er eine Deutsche wollte. Ich war die einzige Österreicherin, die vorsprechen durfte. Wieder betete ich: „Gott, dein Wille geschehe." Bei meinem damaligen gesundheitlichen Zustand waren meine Chancen, genommen zu werden, gering. Außerdem hatte ich tolle Mitbewerberinnen. Ich fand sie fast alle besser und vor allem geeigneter als mich. Dann kam der Anruf des Burgtheaters. Ich hatte die Rolle. Aber nicht nur das, ich hatte auch einen Zweijahres-Vertrag als Ensemble-Mitglied des Burgtheaters!

Wenn wir einmal wissen, daß Gott uns in diesem Beruf möchte, dann kommt der nächste Schritt: Wir können Gott um *seine Platzanweisung* bitten. Als Christen haben wir das Privileg, Gott bitten zu können, uns seinen Platz für uns zu zeigen.

Nach sechs Jahren am Burgtheater wurde in mir der Wunsch ganz stark, Kunst dafür zu verwenden, Menschen mit dem Evangelium zu erreichen. Ich besuchte neben dem Burgtheater eine Bibelschule. Das hat mich sicher auch in meinem Wunsch bestärkt, mehr im christlichen Bereich zu arbeiten.

Wir können Gott in unserem Beruf um eine Platzanweisung bitten – ihn bitten, uns ganz genau unseren Weg in der Kunst zu zeigen. Ich spürte, daß meine Zeit am Burgtheater abgelaufen war. Ich sollte mich mehr im christlichen Bereich engagieren. Aber wo? Wie? Nach einigem Warten und Suchen öffnete Gott neue Türen. So durfte ich z.B. bei „ProChrist '97" und bei „Jesus House" jeden Abend im Hauptprogramm spielen. Das war für mich ein großer Segen, der mich mehr beglückte als jede Premiere am Burgtheater. Auch die Willow-Creek-Konferenz in Oberhausen 1998 war ein besonderes Geschenk.

Vor dieser Zeit drängte sich mir eine andere Frage auf. Ich mußte herausfinden, ob Gott auch hinter meiner Kunstform, dem Theater, steht. Ich muß zu dem, was ich tue, stehen können.

Was meint Gott zu Theater als *Kunstform*? Steht er dazu? Ist Theater für den Menschen wichtig? Häufig merke ich den stillen Vorwurf an das Theater oder an die Kunst im allgemeinen, daß wir ja „nur unterhalten". Christen meinen oft, wenn in einem Theaterstück nicht Christus auftritt oder zumindest inhaltlich vorkommt, dann kann es kein christliches Stück sein oder nicht zu Christus hinführen.

Ich habe in dieser Frage auch lange mit mir selbst und Gott gerungen. Was ist der Wert der Kunst oder meiner Kunst? Unterhalte ich nur, oder kann Theater wirklich etwas bewirken? Rede ich mir nur ein, daß der Mensch Kunst braucht, oder braucht er wirklich Kunst? Menschen in der Dritten Welt – brauchen sie Kunst, oder geht es eigentlich nur ums Überleben? Ist alles andere nur ein Luxus unserer Wohlstandsgesellschaft? Braucht der Mensch Theater um leben, richtig leben zu können?

Wir Künstler oder wir Schauspieler erzählen ja nur Geschichten – nur Geschichten? Können wir denn damit irgend jemanden bekehren?

Eine Vertiefung in die Bibel hat mir vieles klarer gemacht. Jesus hat Gleichnisse erzählt. Was waren die Gleichnisse? Zeitgenössische Alltagsgeschichten. Sie spiegelten das Alltagsleben der Menschen wieder. Sehr oft wurden dabei Fragen aufgeworfen, ohne daß direkt Antworten folgten.

Die Jünger fragten Jesus, warum er denn Gleichnisse erzähle, die niemand versteht. Sie verstanden nicht, warum Jesus nicht einfach direkt predigt. Jesus antwortete, daß er in Gleichnissen rede, weil ihr Herz verhärtet sei. Deshalb konnte er seinen Zuhörern nicht einfach so die Wahrheit ins Gesicht sagen: „Ihr seid alle Sünder, ihr müßt errettet werden." Er sagte, daß ihre Ohren verschlossen seien. Er erzählte Geschichten, weil sie die direkte Predigt nicht aufnehmen *konnten*.

Adrian Plass schreibt: „Ein Gleichnis ist eine Geschichte, die einen an der Eingangstüre in eine Unterhaltung verwickelt, während die Wahrheit sich durch ein Seitenfenster hineinschleicht." Das ist unsere Chance als christliche Künstler. Ein Lied, ein Bild, ein Theaterstück kann eine Geschichte erzählen. *Kunst kann dem Menschen helfen, richtig zu sehen.*

Als David mit Bathseba Ehebruch beging, kam Nathan zu David, um ihn seiner Sünde zu überführen. Er sagte nicht: „David, du hast Ehebruch begangen, den Ehemann umgebracht, schwere Schuld auf dich geladen." Nein, er hat ihm eine ganz andere Geschichte erzählt – die Geschichte des Mannes, der nur ein Schaf hatte ...

Kunst kann den Menschen dort anrühren, wo die Predigt alleine oft nicht hinkommt. Kunst berührt *Kopf und Herz* gleichzeitig, verbindet sie sozusagen.

Ich kann in einer Predigt sitzen und mit meinem Kopf zustimmen, aber mein Herz erfaßt die Botschaft nicht. Jesus sagt mehrmals: „Euer Herz ist verhärtet."

Wenn Jesus die Geschichte vom verlorenen Sohn erzählt, dann erzählt er sie, um mir Gnade verständlich zu machen. Er erzählt vom verlorenen Sohn, der voller Reue zurückkommt. Er beschreibt den Vater, der ihn mit offenen Armen erwartet, ihm keine einzige Frage stellt und ihn dann noch großartig beschenkt. Wenn ich mir diese Geschichte wie in einem Film vorstelle, dann kann ich dadurch ein Bild von Gnade bekommen.

In einem Theaterstück, einem Lied, einem Bild erzählen wir auch Geschichten. Der Dramatiker George Bernhard Shaw hat einmal gesagt: *„Wir verwenden einen Spiegel, um unser Gesicht zu sehen. Wir brauchen Kunst, um unsere Seele zu sehen."*

Der Mensch kommt oft erst durch die Kunst, durch ein Lied, durch ein Theaterstück in Kontakt mit seinen Gefühlen und in *Kontakt mit seiner Seele*. Wir rühren den Menschen an einer Stelle in seiner Seele an, die verdeckt ist.

Von dem englischen Theaterregisseur Peter Brook stammt der folgende Satz: „Kunst deckt das in meiner Seele auf, was durch das Alltagsleben verdeckt wird."

Bei „ProChrist '97" spielten wir eine Eheszene über unerfüllte Sexualität. Ein Zuseher verließ nach der Szene wutentbrannt die Frankenhalle in Nürnberg. Als die Garderobiere ihn nach dem Grund seiner Aufregung befrage, meinte er, jemand hätte in seinem Schlafzimmer mitgehorcht und seine Sätze „gestohlen".

Der Heilige Geist hatte diesen Menschen genau an seiner wunden Stelle getroffen. Die Szene ließ ihn nicht mehr los. Nachdem er drei Nächte nicht schlafen konnte, rief er die Seelsorgezentrale des „ProChrist"-Büros an. Dort konnte man ihm zuerst einmal glaubhaft machen, daß niemand sein Schlafzimmer belauscht hätte. Nach einem dreistündigen Telefongespräch (ein für ihn kostenloses Gespräch) konnte er Christus als seinen persönlichen Erlöser in seinem Herzen annehmen.

Kunst spricht zu uns Menschen, wo die Predigt allein nicht hinkommt. *Kunst bereitet die Herzen vor,* wirft Fragen auf. Die Predigt kann dann die Antwort geben.

Deshalb ist *Gebet* eine der wichtigsten Komponenten in der christlichen Kunst. Dann sind nicht wir es, die verkündigen, sondern der Geist Gottes. Wir denken so oft, daß es zur Verkündigung des Evangeliums *Worte* bedarf. Gott sagt, daß die ganze Schöpfung von ihm und der Erlösung spricht – die Schöpfung alleine, auch ohne Worte (Psalm 19).

Das war bekanntlich auch das erklärte Ziel von Johann Sebastian Bach. Er wollte, daß Menschen durch seine Musik zum Glauben finden. Er betete immer vor dem Komponieren, daß Menschen durch seine Musik Christus erkennen mögen.

Bach war übrigens nicht immer nur würdevoll. Er beleidigte seine Schüler häufig und wandte sich gegen jede Autorität, die ihn in seinem künstlerischen Ausdruck hindern oder beschneiden wollte. Aber er hatte ein *klares Ziel* vor Augen.

Vor jeder Komposition schrieb er auf das Notenblatt: „JJ" – „Jesus iuva", Jesus hilf, und am Ende: „SDG"– „Soli Deo Gloria", Gott allein die Ehre. Bach hat einmal geschrieben: „Das Ziel meiner Musik ist nichts anderes, als die Gedanken zu entspannen und von Gottes Herrlichkeit zu erzählen." Dieser Wunsch hat sich auch bei mir bewahrheitet.

Da ich eine sehr schwere Zeit in einem katholischen Internat erlebt hatte, verließ ich die katholische Kirche mit 18 Jahren. Damals hatte ich beschlossen, mich nie wieder mit Religion zu beschäftigen. Mein Schwur lautete: Ich möchte nie mehr wieder mit Menschen an einem Tisch sitzen, die das Wort „Gott" oder „Bibel" in den Mund nehmen. Ich ging nach Paris, um dort Literatur und Theaterwissenschaft zu studieren. Doch je mehr sich meine Wünsche und Vorstellungen verwirklichten, desto leerer schien mir mein Leben. Ich war eine Getriebene, nie zufrieden.

Eines abends fuhr ich von Paris nach Chartres, um in der berühmten Kathedrale ein Orgelkonzert von Bach zu hören. Als ich in dem dunklen gotischen Bau saß und die gewaltige Musik über mich hereinbrach, überfiel mich plötzlich der Gedanke:

„Was mache ich, wenn Gott wirklich existiert? Wenn ich eines Tages vor ihm stehe, von Angesicht zu Angesicht? Wenn es wirklich eine Ewigkeit gibt?“

Durch die Musik spürte ich plötzlich die Gegenwart Gottes ganz stark. Ich erkannte, daß ich einen Erlöser brauchte. Mir wurde zutiefst bewußt, daß ich mich nicht rechtfertigen konnte. Ein Gefühl der Ohnmacht und Verzweiflung überkam mich, und zum ersten Mal in meinem Leben betete ich zu dem großen Unbekannten: „Gott, wenn es dich wirklich gibt, dann zeige mir, wie ich mit dir leben kann.“

Ein paar Wochen später lernte ich Michaela kennen, eine Studienkollegin aus Berlin, die gläubig war. Ihre Lebensfreude, ihre sprühende Energie, ihre Unbeschwertheit und ihr „seltsamer“ Glaube beeindruckten mich sehr. Sie zeigte mir dann den Weg zu einem wirklichen Glauben.

Der amerikanische Publizist Philip Yancey schreibt, daß sein geistiges Leben durch die klassische Musik wiedererweckt wurde. Er meint, daß sowohl die Kunst als auch die Natur ein Ausdruck von Gottes Gnade sind. *Kunst kann das Umfeld, das Milieu schaffen, in dem sich der Geist entfalten kann.* Kunst kann den Menschen zu etwas anderem, etwas Höherem hinführen. Kunst gibt dem Suchenden die Möglichkeit, Christus in einer entspannten Art und Weise kennenzulernen, die das Herz erfreut.

Nachdem Bach seine Matthäuspassion vollendet hatte, wurde sie zu Lebzeiten nur einmal aufgeführt. Im 19. Jahrhundert fiel dem Komponisten Felix Mendelssohn eine Kopie davon in die Hände. Er war von diesem Werk so berührt, daß er sich daraufhin bekehrte – er war damals gerade 20 Jahre alt.

Der Komponist Anton Bruckner schrieb, seine Kunst solle dem Menschen zeigen, daß Gott gut ist und daß alles, was wir tun, ihn ehren sollte. Während er an seiner 10. Symphonie arbeitete, schrieb er an Gustav Mahler: „Wozu sonst hat mir Gott dieses Talent gegeben, als um ihn damit zu ehren?“

Das, was der Kunst heute am meisten fehlt, ist wahre *Inspiration* – Inspiration von Gott! Gott möchte uns christlichen

Künstlern seine Inspiration geben. Kunst alleine genügt nicht, um den Menschen anzurühren, sie muß auch dem Heiligen Geist untergeordnet sein. Unser persönlicher Wandel mit Gott ist der Schlüssel dazu.

Augustinus hat einmal gesagt, man könne nur das Feuer in anderen anzünden, das selber in uns brennt. Deshalb ist es für uns Künstler so wichtig, daß wir an der Quelle sind, von der Quelle nehmen und nicht nur reproduzieren. Durch das *Gebet* kann ich *Gottes Geist* in der Kunst Raum geben. Mein ganzer Schaffensprozeß als christlicher Künstler kann dem Geist Gottes unterstellt sein. Vor jeder Probe kann ich den Geist Gottes um Führung bitten, um Visionen für diese Szene, um die richtige Identifikation mit der Rolle.

Durch ein Gebet kann ich ganz bewußt den ganzen Schaffensprozeß seiner Gnade unterstellen und als Ausdruck seiner Gnade sehen, seiner Kreativität.

Wir werden dann *abhängig von Gott*. Abhängigkeit hat in unserer Gesellschaft einen negativen Beigeschmack. Aber Abhängigkeit ist nur dann negativ, wenn das Objekt, von dem ich abhängig bin, niedriger ist als ich selbst. Aber wenn Gott größer, schöner, besser ist als ich, dann ist Abhängigkeit etwas Wunderbares. Der Mensch kann nur dann Mensch werden, wenn er über sich selbst hinaus zu seinem Schöpfer findet.

Wie geht der Schaffensprozeß des Künstlers vor sich? Wir erschaffen ein Werk. Dieses Werk ist nicht aus dem Nichts geschaffen worden. Wir erhalten von Gott einen Keim, dieser kommt zur Entfaltung, und ein Werk entsteht. Wir Künstler erleben den Prozeß oft als Keim – Arbeit – Werk. Gott schenkt uns den Keim, und wir arbeiten daran. Wir vergessen dabei, daß wir nicht alleine arbeiten müssen, sondern mit ihm zusammen. Wir können von ihm, von der Quelle aller Kreativität, nehmen. Wir können den ganzen Schaffensprozeß *seiner Kreativität unterstellen*.

Auch im Schauspiel, wo die Worte zwar festgelegt sind, muß ich dem Geist Gottes Raum geben. Schlußendlich muß er mich mit seinem Geist füllen und die Leute berühren.

Wenn das Werk vollendet ist, dann ist es an der Zeit den nächsten Schritt zu tun: Wir treten hinter dem Werk zurück und geben *Gott die Ehre*. Ein ganz entscheidender Punkt liegt für mich darin, diesen Moment zu finden, wo ich hinter dem Werk zurücktreten kann, wo es dann nicht mehr um mich und meine Leistung geht. Christus steht im Mittelpunkt der ganzen Sache. Ich stehe dann nicht mehr im Mittelpunkt, sondern Gott, seine Gnade.

Der Künstler muß sich vor der *Falle des Perfektionismus* hüten. Wenn ich in meiner Kunst perfekt sein möchte, dann verliere ich dabei meine Freude an der Arbeit. Mein Ausdruck leidet darunter. *Perfektionismus engt ein und tötet jede Kreativität.*

Wenn ich perfekt sein will, dann geht es mir nur noch um meine Leistung, aber gar nicht mehr um die Sache. Gerade im christlichen Bereich sollte es immer um die Sache, um Christus gehen.

Der Schauspieler muß sich vor der Suche nach perfekten Lösungen hüten. Weder auf der Bühne noch im Leben gibt es perfekte Lösungen. Ein Schauspieler muß nicht alles hundertprozentig tun, um es zu tun. Schritt für Schritt voranzugehen, ohne sich darum zu sorgen, ob man es hundertprozentig erreicht, das ist das Geheimnis des Schauspiels.

Wozu Theater in der Gemeinde?

Wenn wir das Evangelium verkündigen wollen, dann müssen wir das in einer Sprache tun, die das 20. Jahrhundert versteht. Theater, Musik, Film gehören zu den wichtigsten Kommunikationsmitteln im 20. Jahrhundert.

Wenn ich in meiner Kunst echt bin, dann erzeuge ich *Identifikation* mit dem Publikum. *Das Publikum findet sich selbst wieder, und Mauern bröckeln ab.*

Kirchendistanzierte Menschen, die in den Gottesdienst kommen, erwarten, daß man sie verurteilt. Sie sind dann ganz überrascht, wenn sie ein Szene sehen, in der sie sich verstanden fühlen.

Theater ist, auch im Gottesdienst, so wirkungsvoll, weil es dem Zuseher eine Identifikationsmöglichkeit bietet. Wir zeigen Kämpfe, denen wir tagtäglich ausgesetzt sind, und das Publikum fühlt sich verstanden. Wir identifizieren uns mit ihrer „Tunnelsicht" – ihrer Dunkelheit, ihren Zweifeln und Schwierigkeiten.

Leider fehlt diese Identifikation in der christlichen Kunst häufig. Der christliche Künstler tendiert dazu, außerhalb des Tunnels zu stehen und so seine Geschichten zu schreiben. Der Zuschauer, der sich im Tunnel befindet, fühlt sich ausgeschlossen. Er hat ja das Licht noch nicht, von dem der Autor schreibt. Wir alle kennen diese Art von Anspielen: „böser Ungläubiger" trifft „guten Gläubigen" etc. Wenn man christliche Biographien liest, meint man sehr oft, das Leben sei so einfach – alles geschieht im Licht des Publikums. Aber auch ein Christ befindet sich oft in einem Tunnel.

Wenn wir uns mit dieser Tunnelsicht identifizieren, dann zeigen wir dem Publikum, daß wir Kämpfe und Zweifel verstehen. Dann können die Mauern fallen, das Herz wird geöffnet und verwundbar.

Eine praktische Definition von Anbetung ist: Verstehen, wer Gott ist, wer ich bin – und darauf zu reagieren.

Genau derselbe Prozeß kann geschehen, wenn ein Mensch ein Theaterstück, eine Theaterszene sieht. Wenn wir auf der Bühne unsere Fehler oder unsere Schwächen sehen, dann verstehen wir, daß wir Gott brauchen. Theater kann *unsere Not* aufzeigen und so zu Christus führen.

Als Christen haben wir so viele Vorrechte. Wir dürfen echt sein vor Gott, echt sein vor Menschen, echt sein im Beruf. Wir können Gott um eine Platzanweisung im Beruf bitten. Er kann uns genau unseren Weg in der Kunst zeigen. Wir können Gott unseren ganzen Schaffensprozeß unterstellen. Er selbst möchte uns Inspiration für unsere Kunst geben, um so andere Menschen zu Gott zu führen. Was für ein Privileg ...

DIE ATMUNG

Gute, tiefe, richtige Bauchatmung und kräftige Stimmführung ist jedem von uns angeboren. Wenn ein Baby geboren wird, atmet es tief aus der Bauchgegend, es hat dadurch auch einen lauten, kräftigen Ton. Leider gewöhnen wir uns diese tiefe, richtige Atmung und Stimmführung in den ersten Jahren unseres Lebens bald ab.

Da ist der Schüler, der gefragt wird, wieviel 3 x 3 ergibt. Damals saßen wir in der Schulbank, haben soviel Luft eingeatmet, wie wir konnten, dann die Rechnung im Kopf gemacht und unsere Hand hochgerissen. Wir waren wie ein Faß mit Luft gefüllt. Wenn dann ein anderer Schüler nach der Antwort gefragt wurde, fielen wir wie ein leerer Ballon zusammen. War die Antwort des anderen Schülers falsch, ging das Ganze wieder von vorne los. Sehr schnell prägten wir uns das Luftschnappen vor einer wichtigen Antwort, vor einer Wortmeldung ein.

Als Erwachsene befinden wir uns dann plötzlich einmal vor vielen Leuten, vielleicht als Lehrer, Sprecher, Pastor, bei einer Hochzeit oder bei einem wichtigen Telefongespräch. Wir wollen etwas sagen, die 3 x 3-Angewohnheit aus der Grundschule tritt ein, wir holen tief und viel Luft und... fühlen uns unwohl.

Wir können uns nicht vorstellen, daß ein lauter, langer und kräftiger Ton nicht mehr Luft benötigt als die normale Ruheatmung. Man kann jedoch mit mehr Luft nicht lauter, besser, länger oder sicherer sprechen – ganz im Gegenteil. Zuviel Luft setzt unter Druck, vermindert die Lautstärke und erschwert die Artikulation. Vor allem aber übertragen sich Druck und Spannung auf den Zuhörer.

Eines der wichtigsten Bühnengesetze, das uns auch bei der Atmung helfen kann, lautet:

Nun mal langsam, eins nach dem andern.

Mit diesem Merksatz ist dem Kind in der Volksschule ebenso geholfen wie dem Prüfling im Gymnasium, dem Sprecher vor großem Publikum wie dem Schauspieler auf der Bühne. Nun mal langsam, eins nach dem andern – um Überdruck bei der Atmung zu vermeiden. Unser Ziel ist es, die Atmung so fließen zu lassen, wie es der Situation entspricht.

Der Tänzer, der Sänger, der Pantomime, der Sportler, der Dirigent, der Musiker, der Schauspieler, der Sprecher – sie alle sind ganz entscheidend von ihrer Atmung abhängig. Gefühle werden wesentlich durch die Atmung übertragen.

Beobachten Sie sich, wenn Sie lachen oder weinen. Was tut sich da plötzlich mit Ihrer Atmung? Diese Atmung ist es, die den Zuschauer eines Dramas im Theater fesselt. Die Atmung geht in die Tiefe, das Zwerchfell beginnt plötzlich zu schwingen. Durch den Atem können wir den Zuhörer in konzentrierter und aufmerksamer Spannung halten.

Es gibt keine standardisierte, genormte Atmung. Atmung ist situationsbedingt. Schönheit der Stimme, Plastik der Sprache, Pointierung des Gedankens und Ausdruck von Gefühl und Temperament sind in großem Maß davon abhängig, daß wir die entsprechende Atmung zulassen. Atem bestimmt Bewegung. Atem bestimmt Stimme. Atem bestimmt Gefühl, Form und Ausdruck auf der Bühne.

Warum ist die richtige Atmung nun für einen Schauspieler, Sprecher oder für einen Sänger von großer Bedeutung?

1) Weil der Ton und der Klang der Stimme nicht im Kehlkopf geformt werden, sondern vor allem mit der richtigen Atemführung beginnen. Der Klang einer Stimme beginnt mit der Atmung. Ich werde mit einer flachen, hastigen Atmung nie eine volle, kräftige Stimme erlangen. Atemführung und Stimmbildung gehen Hand in Hand. Stimmbildung ist nicht auf den Kehlkopf konzentriert, sondern auf die Atemführung.

2) Durch ein richtiges Führen meiner Atmung lerne ich, schnell, mühelos und geräuschlos zu Luft zu kommen, den Verbrauch zu regeln und mit einem Höchstmaß an Vernehmbarkeit und Fülle zu artikulieren.

3) Gefühle, Stimmungen, Pausen – alles, was sich so zwischen den Zeilen eines Textes befindet, wird ganz wesentlich durch die Atmung übertragen. Wenn Sie ein Musikinstrument spielen, werden Sie bemerken, daß Ihre Atmung mit der Interpretation des Musikstückes zusammenhängt.

Grundregel: *Je mehr sich die Atmung von oben nach unten, vom Brust- in den Gürtelbereich verschiebt, um so ökonomischer wird die gesamte Atmung.*

4) *Lautstärke* wird vor allem durch die richtige Atmung erzeugt. Das Zwerchfell hat von allen Atemmuskeln die größte Bedeutung. Es ist eingespannt in alles, was wir tun und was uns bewegt. Dies gilt sowohl für Bewegungsabläufe in unserem Leib als auch emotionale Zustände und Gefühle.

In starken Gefühlsregungen schwingt das *Zwerchfell* immer mit. Wenn Sie das nächste Mal weinen oder herzhaft lachen, dann achten Sie darauf, wie Ihr Zwerchfell mitschwingt.

Dazu eine einfache ***Übung:***

Stellen Sie sich vor, in dem Raum, in dem Sie sich gerade befinden, riecht es ganz leicht nach Gas. Überprüfen Sie diesen Geruch, riecht es hier tatsächlich nach Gas?

Bei dieser Übung spüren wir ganz deutlich, daß die Atmung sich sogleich nach unten, in die Zwerchfellgegend verschiebt, wo sie auch hingehört. Sie werden den feinen Gasgeruch niemals spüren können, wenn Sie mit der Brust einatmen und vielleicht sogar die Schultern dabei heben.

Das Ziel einer guten Atmung ist es, nicht aus dem Schulter-Brustbereich zu atmen, sondern die Atmung tiefer, in die Bauch-Magengegend zu führen.

Damit uns unsere Atmung bewußt wird,
hier eine einfache ***Übung***
(am besten heute vor dem Einschlafen ausprobieren):

Wir legen uns flach auf den Boden, und zwar auf den Rücken. Arme, Beine und Kopf entspannen. Wir richten unsere Aufmerksamkeit nun auf unsere Bauchdecke und spüren, wie das Fließen unseres Atems den Bewegungsablauf bestimmt. In diesen Bewegungsablauf wollen wir aber nicht künstlich eingreifen. Wir wenden uns unserem Atem aufmerksam zu. Hier gilt das Motto: „Lassen, nicht machen“. Lassen ist oft schwerer als machen. Denken Sie an die Atmung eines Schlafenden. Entspannen Sie dabei die Muskeln im gesamten Körper.

Bei dieser Übung geht es nicht um Passivität, sondern um ein bewußtes Erleben, um ein Geschehenlassen der Atmung. So finden wir zu unserer *Atembalance.*

Belastungen, dem Streß und Druck kann man nicht immer ausweichen. Die Schulung der Atmung und der Stimme hilft mir aber ganz wesentlich, mit dieser Grundspannung umzugehen.

Mit der Zeit lernen wir, wann wir den ökonomischen Bereich verlassen und die Luft knapp wird. Für das Sprechen auf der Bühne bedeutet dies, daß ich nicht versuche, möglichst viel in einem Satz zu verpacken.

Die Erfahrung lehrt, daß uns die meisten Sprechsituationen *zuviel Luft* bescheren, denn jede nervliche Belastung, die geringste Aufregung, aber auch gespannte Aufmerksamkeit fördern die Einatmung. Es besteht vor dem Sprechbeginn die Gefahr, durch *übermäßige Luftfüllung* belastet zu sein.

Streß und Emotionen erhöhen die Spannung in der gesamten Körpermuskulatur. Streß verstärkt die Tendenz, vermehrt einzuatmen. Dies führt dazu, daß sich der Mensch in Drucksituationen mit Luft anfüllt, die er nicht los wird. Er fühlt sich belastet. Er kann nicht ausreichend entspannen.

Man spricht von Atemnot –
in Wahrheit leidet man an Ausatmungsnot.

Wenn wir im Alltag von Atemnot sprechen, ist die Ursache nicht Luftmangel, sondern meistens ein „Aufgeblasensein".

Stellen wir uns einen Taucher vor, der soeben seinen Lehrgang im Swimmingpool beendet hat. Wenn er nun zum ersten Mal mit seiner Sauerstoffflasche auf dem Rücken in die Tiefe des Meeres taucht, hat er den Eindruck, er bekomme zuwenig Luft. Aufgrund seiner Unsicherheit hat er aber seine Lunge bereits vollständig mit Luft gefüllt. Natürlich kann er nun keine weitere Luft mehr aufnehmen, da seine Lunge bereits so voll ist wie ein Luftballon. Mit einer vollen Lunge kann man nicht atmen. Er hat daher bei seinem ersten Tauchgang den subjektiven Eindruck, er bekomme zuwenig Luft. Tatsache ist aber, daß er zuviel Luft bekam.

Auf der Bühne oder in einem Aufnahmestudio befinden wir uns in einer ähnlichen Situation. Wir stehen unter Druck und haben daher die Tendenz, zuviel einzuatmen. In Situationen, in denen ich unter Druck stehe, neige ich zu einer erhöhten Spannung im gesamten Körper (speziell Schultern, Nacken, Magen...). Deshalb ist es für uns wichtig, daß wir uns unserer Atmung erst einmal bewußt werden.

In einer solchen Situation kann der Merksatz: „Nun mal langsam, eins nach dem andern" helfen und beruhigen. Die Atmung normalisiert sich somit.

Untersuchungen haben gezeigt, daß ein übermäßiges Luftholen vor dem Sprechbeginn in jeder Hinsicht unökonomisch ist, ja sogar belastend wirkt. Wer also denkt, daß er vor dem Reden oder Singen erst kräftig und tief Luft holen muß, liegt einfach falsch. Oft produzieren wir dabei nicht nur einen Überdruck, sondern blockieren auch unsere Atmung.

Übung: Wir sitzen im Schneidersitz auf dem Boden. Wir greifen nun mit einer Hand nach oben, als ob wir etwas von der Zimmerdecke herunterholen wollten. In diesem Moment blockieren wir meistens unsere Atmung, der Luftstrom kann nicht mehr fließen. Führen Sie nun dieselbe Übung aus, ohne den Luftstrom zu blockieren. Der Atem muß immer fließen bzw. der Situation angepaßt werden. Ziel dieser Übung ist es, die Atmung fließen zu lassen, auch in körperlicher Anspannung.

Der Party-Effekt

Was ist der Party-Effekt? Jeder von uns kennt die Situation: Man steht bei einer Party und unterhält sich aufmerksam mit einem Gesprächspartner. Neben dem Gespräch beobachtet man aber auch ganz unauffällig das Buffet, ob vielleicht noch ein Lachsbrötchen oder was Süßes übrig geblieben ist. Meine Unaufmerksamkeit hat mein Gesprächspartner gar nicht bemerkt. Und das ist gut so. Denn mein (scheinbar) aufmerksames Gespräch darf nicht behindert werden. Das verstehen wir unter einem Party-Effekt. Dasselbe können wir beim Atmen tun.

Wann ist mir nun das Luftholen angenehm, und wann verlasse ich den ökonomischen Bereich? Den Party-Effekt benötige ich immer wieder: Wenn ich auf der Bühne oder vor der Kamera stehe, gibt es vieles, auf das ich achten muß, das aber nichts mit dem Stück oder der Figur zu tun hat, die ich darstelle. Welchen Gang habe ich vor mir? Wann muß ich stehenbleiben, damit die Kamera das gewünschte Bild einfangen kann? Wann decke ich meinen Partner vom Licht ab? Wo soll mein Requisit stehen? Wie muß ich das Requisit halten, damit ein gewünschter Effekt erreicht wird? Spreche ich laut und deutlich genug, damit ich im ganzen Raum verstanden werde? Was macht meine Atmung? Habe ich Verspannungen in meinem Körper, die nichts mit meiner Figur, meiner Rolle, zu tun haben?

Auf viele solche Aspekte muß ich achten, mich aber gleichzeitig auf meine Figur, das Stück, meine Aufgabe konzentrieren. So trainiere ich den Party-Effekt.

Für die Qualität eines Tones ist nicht entscheidend, daß viel Atemluft zur Verfügung steht, sondern vielmehr, daß die vorhandene Luft optimal in Schwingung gebracht wird.

Dies läßt sich einfach beweisen. Halten Sie eine brennende Kerze etwa drei Zentimeter vor den Mund. Öffnen Sie den Mund und sprechen Sie lange und laut den Vokal „Aaaa...“. Sie werden bemerken, daß sich, während der Vokal erklingt, die Kerzenflamme kaum bewegt, obwohl Sie einen lauten, kräftigen Ton von sich geben. Wozu Luft holen, wenn nur so wenig Luft gebraucht wird?

Erinnern Sie sich daran, daß übertriebenes Luftholen eine Reaktion auf Streß, Druck und Anspannung ist.

Merksatz:

Nun mal langsam, eins nach dem andern...

Es ist wichtig, daß bei Ihrer Arbeit die Atmung als Begleitempfindung mehr und mehr zu Bewußtsein kommt. Entwickeln Sie diese Kontrolle auch in Ihrem Privatleben. Was tut sich mit meiner Atmung? Wann atme ich flach und hastig? Wann atme ich ruhig? Wie ist meine Atmung vor dem Einschlafen? Wie vor einem wichtigen Telefongespräch etc.?

Atemübungen

Bei allen Übungen ist darauf zu achten, daß nicht zuviel geatmet wird, sowohl in Bezug auf die *Intervalle* als auch in Bezug auf die *Luftmenge.*

Machen Sie nicht alle Übungen auf einmal! Vermeiden Sie Leistungsstreß. Nehmen Sie immer nur eine Übung, wenn Sie sich gerade mal eben entspannen wollen.

Übung 1: Gerade stehen, entspannen, Schultern locker, Atem fließen lassen, Geräusche hören.

Zweck: sich das große Volumen in Bauch, Unterleib und Flanken bewußt machen. Entspannung, Lösung von Verspannungen.

Übung 2: Flach auf dem Boden, auf dem Rücken liegen, ein Buch auf den Bauch legen. Lenken Sie Ihre Aufmerksamkeit auf die Bauchdecke, ohne in den Bewegungsablauf einzugreifen. Aufmerksame Zuwendung. Lassen, nicht machen. Lassen ist oft schwerer als machen. Denken Sie an die Atmung eines Schlafenden. Muskeln im gesamten Körper entspannen.

Nicht Passivität, sondern Geschehenlassen, als Empfindung bewußt erleben. Wechselspiel zwischen Zuwenden und Durchlassen.

Zweck: Atmung vom Brustbereich in den Bauch-Zwerchfellbereich fließen lassen.

Übung 2a: Sprechen Sie dabei „Waaa...“. Sie werden bemerken, daß Sie für diesen Laut kaum mehr Luft brauchen als für die normale Ruheatmung.

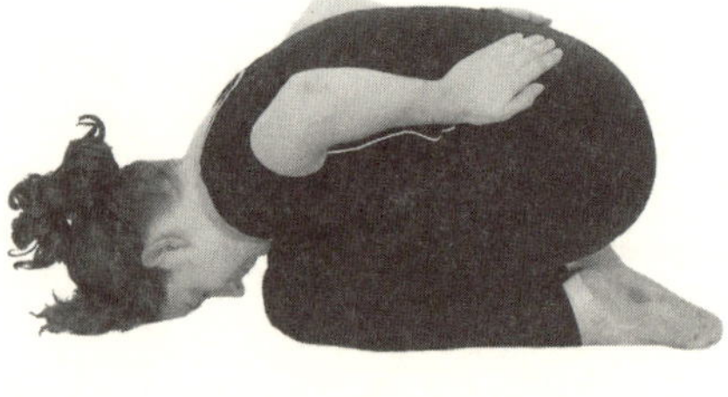

Übung 3: Setzen Sie sich auf die Unterschenkel und legen Sie die Stirne auf den Boden, Arme seitlich liegen lassen. Atmen. So können Sie die Atmung in den hinteren unteren Flanken, in

der unteren Rückengegend spüren. Starke Bewegung der Flanken. Ihre Bauchatmung wird intensiver.

Übung 4: Auf einem Stuhl sitzen. Rücken abwechselnd gerade und krumm, Kopf und Schultern locker.

Zweck: Spüren Sie den Unterschied eines geraden und gekrümmten Rückens – ein krummer Rücken verschließt das Atemvolumen, und die Atmung wird flach. Es besteht somit ein Zusammenhang zwischen Atmung, Stimme und Haltung.

Zwischen den Übungen kann man immer wieder bis vier zählen. Man merkt dabei, wie sich das Atemvolumen erhöht, die Stimme voller wird.

Übung 5: Stehen, Arme kreisen nach hinten, zuerst links, dann rechts.

Zweck: Atmung fließen lassen, nicht anhalten. Atmung wird automatisch vertieft, Schultern werden entspannt.

Übung 6: Gähnen (s.S. 131)

Übung 7: Unbewußtes Erfassen des Raumes mit der Atmung: Halten Sie die Hand zehn Zentimeter vor Ihr Gesicht. Spüren Sie dabei die kurze Atmung. Dann blicken Sie auf die nächste Wand – ihre Atmung wird weiter. Nun blicken Sie im ganzen Raum herum – Sie spüren die automatisch tiefere Atmung. Nun blicken Sie weit weg, aus dem Fenster – Sie erreichen damit automatisch eine gute, tiefe Atmung.

Zweck: Sie merken, daß sich die Atmung auch nach Ihrem Blick richtet. Darum ist es vor dem Theaterspielen wichtig, daß ich den Raum erfasse (einatme), für den ich spreche. Atemweite erhöht meine Präsenz. Vor allem Redner kleben ja oft mit ihrem Blick auf ihren Notizen – sie sind dann nicht im Raum präsent. Darum: Bleiben Sie als Redner mit Ihrem Blick in den hinteren Reihen des Zuschauerraumes.

ZUSAMMENFASSUNG

1. Wozu ist eine richtige Atmung wichtig?

- Der Klang der Stimme wird nicht im Kehlkopf geformt, sondern beginnt mit der richtigen Atemführung.
- Durch ein richtiges Führen meiner Atmung lerne ich, mühelos zu Luft zu kommen, den Verbrauch zu regeln und mit einem Höchstmaß an Vernehmbarkeit zu artikulieren.
- Für die Qualität eines Tones ist nicht entscheidend, daß viel Atemluft zur Verfügung steht, sondern vielmehr, daß die vorhandene Luft optimal in Schwingung gebracht wird.
- Lautstärke wird vor allem durch die richtige Atmung erzeugt.
- Stimmungen werden ganz wesentlich durch die Atmung übertragen.

2. Atemregeln

- Gibt es eine Grundregel für meine Atmung?
- Je mehr sich die Atmung von oben nach unten, vom Brust-Schulterbereich in den Bauch-Gürtelbereich verschiebt, um so ökonomischer wird die gesamte Atmung.
- Welche Bedeutung hat das Zwerchfell?
- Atembalance: Wenn wir im Alltag von Atemnot sprechen, ist die Ursache nicht Luftmangel, sondern meistens Aufgeblasen sein.
- Party-Effekt
- Es besteht ein direkter Zusammenhang zwischen Haltung, Atmung und Stimme.

DEN KÖRPER ENTSPANNEN UND AKTIVIEREN

Körperentspannung – ich will doch Theaterspielen, wozu muß ich mich jetzt mit Entspannung beschäftigen? Das Schauspieltraining ist doch umfassend genug – muß ich da wirklich Zeit in die Entspannung investieren? Die Vorbereitung eines Theaterabends kostet doch schon genug Kraft – soll ich da auch noch meine kostbare Zeit für die Entspannung opfern?

Wir Schauspieler und alle, die auf der Bühne tätig sind, möchten aufrichtiges Gefühl übertragen. Es genügt nicht, echt zu empfinden, wir müssen das Gefühl auch zum Ausdruck bringen können.

Die erste Voraussetzung für innerliches Erleben, um Gefühle von der Bühne übertragen zu können, ist ein entkrampfter, entspannter Körper!

Der Schauspiellehrer Lee Strasberg geht sogar so weit zu sagen, daß er niemals eine große schauspielerische Leistung gesehen habe, wenn der Körper eines Schauspielers nicht entspannt war.

Machen wir dazu einen einfachen ***Test:*** Heben Sie einen wirklich schweren Gegenstand, einen Tisch oder einen Kasten. Während dieser *Muskelanspannung* soll ihnen jemand eine Rechenaufgabe zurufen, z. B. 4 x 360. Es wird Ihnen nicht gelingen, Ihre mentalen Möglichkeiten während der Muskelanspannung einzusetzen.

Ein verkrampfter Körper kann nicht denken. Entspannung ist die wichtigste Voraussetzung für die nachfolgende, notwendige Konzentration. Muskelverkrampfung ist jedem inneren Erleben hinderlich.

In einem Zustand körperlicher oder geistiger Anspannung kann der Schauspieler nicht klar empfinden. Die Befehle, die er sich selbst gibt, werden nicht reibungslos übermittelt. Die Sinneswahrnehmung ist erstickt und die Ausdrucksfähigkeit eingeschränkt. Der Prozeß der Entspannung hilft uns, unnötigen Druck abzulegen, Blockaden abzubauen. Die Beruhigung ist auch gleichzeitig ein Willenstraining, da ich dazu ganz bewußt mein Wollen einsetzen muß.

Eine Schauspielerin, mit der ich zusammen spielte, hatte an einer dramatischen Stelle große Schwierigkeiten, ihrem Gefühl Ausdruck zu verleihen. *Sie* empfand zwar den Schmerz wirklich, aber er übertrug sich nicht auf den Zuschauer. Der Regisseur gab ihr daraufhin den Tip, genau an dieser Textstelle ihr Gesicht zu entspannen. Plötzlich floß das Gefühl aus ihr heraus. Sie hat es sich dann zur Gewohnheit gemacht, an besonders schwierigen Stellen immer darauf zu achten, ihr Gesicht zu entspannen.

Der innere Kontrolleur

Diese Art der Selbstkontrolle sollte uns Schauspieler allmählich zur Gewohnheit werden. Anfangs wird uns das zwar von unserem eigentlichen Schaffensprozeß ablenken. Später aber wird es uns zur Gewohnheit werden, wie beim vorher besprochenen „Party-Effekt“ (siehe „Die Atmung“).

Auch im alltäglich Leben gewöhnen wir uns an, immer wieder zu kontrollieren, ob wir unnötig verkrampft sind. Dieser „innere Kontrolleur“ wird dann auch auf der Bühne zu einem ganz natürlichen Begleiter. Immer wieder werden sich Verspannungen einstellen, die abgebaut werden können, wenn wir sie uns bewußt machen. Diese Selbstkontrolle und der Abbau von überflüssigen Spannungen werden dann auch im Alltag zur Gewohnheit werden. Nur wenn der „Spannungskontrolleur“ zur zweiten Natur wird, wird er später meinen Schaffensprozeß nicht mehr stören. In Momenten der höchsten physischen Steigerungen und Anspannungen achten wir ganz besonders auf Entspannung auf der Bühne.

Es geht nicht darum, daß wir auf der Bühne immer ganz entspannt sind.

Auf der Bühne verhält es sich genauso wie im wirklichen Leben: Wenn mich ein Einbrecher mit einer Pistole bedroht, bin ich nicht entspannt. Meine Muskeln werden sich genau an den Stellen anspannen, wo sie es für nötig halten. Genauso muß es auf der Bühne sein! Auf der Bühne kann diese richtige Form der Spannung erst erzeugt werden, wenn vorher jede unnötige Verkrampfung abgelegt wird. Wir unterscheiden hier zwischen *Spannung* und *Anspannung.* Die Muskeln sollen nur die Spannung haben, die meine Handlung erfordert.

Machen wir dazu wieder eine ***Übung:*** Strecken Sie den Arm nach oben, so weit Sie können. Sie werden eine Anspannung spüren.

Jetzt stellen Sie sich gleichzeitig vor, Sie wollten einen Apfel vom Baum pflücken... Stellen Sie sich wirklich die Situation vor. Sie werden merken, wie bei derselben Bewegung jede unnötige Anspannung verschwindet. Nur die gerade notwendigen Muskeln spannen sich an.

Genauso ist es auch auf der Bühne. Solange Sie *Ihre Aufmerksamkeit auf Ihre Aufgabe,* auf Ihre Situation im Stück *richten,* ist alles in Ordnung. Aber sobald ich meine Aufgabe vergesse (Apfel pflücken) und plötzlich daran denke, daß mir 800 Menschen zusehen, stellen sich Verkrampfungen und Verspannungen ein. Wenn ich auf der Bühne meine Aufgabe kenne, wenn ich weiß, warum ich etwas tue, wenn ich mich auf meine konkreten Handlungen konzentriere, dann werde ich automatisch entspannter.

Noch ein Grund, warum die richtige Körperspannung wichtig ist:

Unser Körper ist das Instrument, auf dem wir spielen.

Wie ein Musiker niemals auf einem verstimmten Instrument spielen wird, so können wir nicht mit einem verkrampften Körper spielen. Dies gilt für einen Redner genauso wie für einen Schauspieler. Damit unser Instrument gut klingt, muß es gestimmt sein. Das gilt nicht nur für die Stimme.

1. Wozu muß ich meinen Körper „stimmen“?

Im Kapitel über die Atmung haben wir gesehen, daß unser Ton nicht nur von den Stimmbändern kommt, sondern aus dem ganzen Körper. Bevor ich einen Ton erzeuge, muß ich in Kontakt mit meinem Körper – mit meinem *Instrument* – kommen. Mein

Sprechlehrer hat mir immer wieder gesagt: Körper spüren kommt vor Ton hören.

Wenn nur ein Körperteil, z. B. das Kreuz, verkrampft ist, leidet der ganze Körper, somit der gesamte Ausdruck und vor allem die Stimme darunter. Weder Körper noch Stimme sollten sich auf der Bühne ungewollt verkrampfen.

2. Wie stimme ich mein Instrument, den Körper?

Wir stimmen unser Instrument durch Entspannung und Aktivierung.
Ziel ist es, ein möglichst durchlässiges Instrument zu haben, das mir im möglichst entkrampften, aber aktiven Zustand dient.

So wie ein Sportler seine Muskeln aufwärmt, so werden wir unsere Muskeln lockern und aufwärmen. Ohne Entspannung und Entkrampfung kann ich nachher auch nicht die richtige Aktivierung erzeugen. Meine private Verkrampfung überträgt sich immer auch auf den Zuhörer. Wenn es für mich anstrengend wird, wird es auch für den Zuhörer anstrengend.

Umgang mit Lampenfieber und Bühnenangst

Eine Studie über Phobien berichtet, daß ein Arzt seine Patienten zuerst in einen entspannten Zustand versetzte und ihnen dann das Objekt vorführte, vor dem sie Angst hatten. Ein Patient, der Angst vor Hunden hatte, wurde gebeten, sich den Hund in Australien vorzustellen. Zu diesem Zeitpunkt war der Patient entspannt. Später konnte sich der Patient den Hund auch in seiner Nachbarschaft ohne Angst vorstellen. Indem man den entspannten Zustand aufrechterhält und dem Patienten Bilder präsentiert, die allmählich der eigentlichen Phobie gleichen, lösen sich die Angstzustände. Entspannung ist also das beste Mittel gegen Angst.

Genau genommen haben wir alle eine Phobie, nämlich die, auf einer Bühne zu stehen und angestarrt zu werden. Wir nennen es Lampenfieber. Diese Phobie ist heilbar durch den Prozeß der fortschreitenden De-Sensibilisierung. Sehr oft ist ein Schauspieler nicht untalentiert, sondern einfach angsterfüllt.

Lampenfieber haben Sie im allgemeinen darum, weil Sie neue Gedanken vortragen sollen. Ihre Anfangsnervosität können Sie am besten bewältigen, wenn Sie insbesondere dem Anfang Ihres Auftrittes viel Beachtung geschenkt haben. Ob Sie ihr Publikum gewinnen werden, entscheidet sich innerhalb der ersten Minuten.

Ein wenig Nervosität ist hervorragend. Sie erzeugt nämlich Spannung. Ich bleibe nur dann völlig kalt, wenn mir die Reaktion meiner Zuseher vollkommen egal ist. Das aber bedeutet eine Mißachtung meines Publikums, was wiederum heißt, daß ich zu meinen Zuschauern keine positive Beziehung herstellen kann. Also ist ein wenig Nervosität der Beweis, daß Sie Ihre Hörer wirklich informieren, begeistern oder motivieren wollen.

Je öfter Sie eine Aussage in der Vergangenheit bereits gemacht haben, um so souveräner und sicherer werden Sie diese bringen.

Suchen Sie sich nun eine der nachfolgenden Entspannungsübungen aus, die für *Sie* notwendig ist und funktioniert. Wenden Sie sie mindestens sieben Tage lang an. Besser noch: Machen Sie sich die Übung zur täglichen Gewohnheit. Die Übungen sind so ausgewählt, daß sie jederzeit und fast überall durchzuführen sind: im Auto, in der Kirche, an der Supermarktkasse...

Übrigens haben diese Übungen auch einen positiven Effekt auf Ihr geistliches Leben. Bill Hybels schreibt in seinem Buch „Aufbruch zur Stille“: „Das größte Hindernis für geistliches Wachstum ist die Geschäftigkeit. Eine der wichtigsten Aufgaben eines Christen ist es, sein Tempo herunterzusetzen und nicht dem Tempo dieser Welt anzupassen.“ Er vergleicht uns mit einem Motor, der ständig mit zu hoher Drehzahl fährt, weil die Welt es von uns verlangt. Wir müssen eine Methode finden, um unsere Drehzahlen zu reduzieren – und auch dazu verhilft das nachfolgende Training.

Im Laufe meiner Ausbildung am Max-Reinhardt-Seminar haben wir in vier Jahren einige hundert solcher Übungen gelernt. In diesem Buch soll eine Auswahl davon angeboten werden. Ich habe bewußt diejenigen ausgewählt, die sich im Laufe meiner langjährigen Tätigkeit am Theater bewährt haben.

Es genügt, wenn Sie sich jede Woche auf ein oder zwei Übungen konzentrieren. Sie werden schon nach einer Woche den Unterschied spüren. Wählen Sie dann die Aufgaben aus, die Sie als tägliche Routine beibehalten wollen. Überfordern Sie sich zu Beginn nicht, indem Sie versuchen, alle Übungen auf einmal zu machen. Gehen Sie Schritt für Schritt vor. Konzentrieren Sie sich auf kleine Fortschritte, kleine Veränderungen.

I. Entspannen

Entspannung ist dazu da, um unnötige Spannungen abzubauen. Überspannung ist überflüssige Energie, die wir abbauen, um uns in einen Zustand zu bringen, in dem wir ohne weiteres die Rolle „auf uns nehmen" können. Verspannung hindert uns, zu spielen (und zu sprechen). Die körperliche Entspanntheit ist die Voraussetzung für jegliche Art des „Verkörperns". Gerade Anfänger neigen dazu, sich zu sehr „ins Zeug" zu legen, um ihrer Aktion Ausdruck zu verleihen. Bei den Proben empfiehlt es sich, zuerst alle Handlungen nur mit 95 Prozent der Anstrengung durchzuführen.

Wie geschieht Entspannung?

1. Bewußtmachen

Nun folgen einige Übungen, um uns Muskelspannungen empfinden zu lassen. Wir verwenden dabei die bewährte Methode nach Jacobson, mit dem Prinzip der *Anspannung – Entspannung* und dem Empfinden der Spannungsunterschiede.

Es gibt ganz bestimmte Körperzonen, die besonders für Überspannung anfällig sind:

A. Die Schultern

Die meisten Menschen ziehen bei Streß oder beim Einatmen die Schultern hoch – achten Sie in Ihrem Alltag das nächste Mal darauf, wenn Sie in Streß geraten!

Die Schultern sind ein sehr wichtiger Teil der Atemhilfsmuskulatur – wenn die Schultern verspannt sind, leidet der ganze

Ton. Es gibt eine einfache Methode, um zu kontrollieren, ob meine Schultern verspannt sind, und um sie, falls nötig, zu entspannen.

Übung: Anspannen und entspannen

Wir heben die Schultern hoch, halten sie kurz oben und lassen sie wieder fallen.

Diese Übung kann ich auch ganz unmerklich, nur mit einen Zentimeter, ausführen (z. B. kurz vor meinem Auftritt). Wichtig ist, daß ich die Spannungsunterschiede zwischen Anspannung und Entspannung spüre.

Beim Fallenlassen stellen wir die Schultern nicht in die „gewohnte Haltung" zurück, sondern lassen sie wirklich dort, wo sie ganz natürlich hinfallen.

Wir unterscheiden hier zwischen der *gewohnten Haltung* und der *natürlichen, entspannten Haltung.* Die gewohnte Position kommt einem oft natürlich vor, ist aber nicht entspannt.

Die gewohnte Haltung kann z. B. die sogenannte „Imponierhatung" sein: Die Schultern sind dabei zurück- und die Brust wird nach vorne geschoben.

Das anderer Extrem wäre die „Demutshaltung": Die Schultern fallen nach vor, die Brust ist eingezogen. Beide Haltungen sind erlernte, gewohnte Haltungen, aber keineswegs natürlich. Wir unterscheiden auch zwischen der *bequemen* Haltung und der entspannten Haltung. Unser Ziel ist die Entspannung und nicht die Bequemlichkeit.

Übung: Armkreisen

Im Stehen kreisen Sie einen Arm nach hinten und atmen dabei gut durch. Wir kreisen deshalb nach hinten, um auch gleichzeitig den Brustkorb zu öffnen. Dann vergleichen Sie eine Seite mit der anderen. Spüren Sie den Unterschied? Dann zweite Seite kreisen. Diese Übung lockert die Schultern und vertieft den Atem.

Außer den Schultern gibt es noch vier andere Körperzonen, die für Überspannung durch geistige Anspannung besonders anfällig sind:

B. Nacken

Zur Bedeutung des Nackens für den Ton und für die Sprache gleich ein Test:

Übung: Wir geben ein durchgehendes „ohhh" und bewegen dabei den Kopf auf „oohhh" nach vorne, Richtung Brustbein und dann nach hinten. Achten Sie dabei darauf, wie sich die Tonqualität ändert.

Diese Übung zeigt die Bedeutung der richtigen Nackenstellung. Die Tonqualität hängt auch von der Kopfhaltung ab. Deshalb ist es so wichtig, darauf zu achten, daß sich das Mikrophon in der richtigen Höhe befindet und ich nicht den Kopf nach vorne strecken muß.

Von der Entspannung des Nackens hängt auch mein gesamter Ausdruck ab. Dazu dient die nächste Übung:

Übung: Kopf nach vorne fallen lassen, Gewicht spüren, den Kopf sanft nach links und nach rechts drehen. Dann wieder das Gewicht spüren und in die Mittellage zurückkehren.

Wenn wir die Mittellage gefunden haben, massieren wir mit der Hand leicht den Nacken hoch und lassen als Gegenbewegung den Schultergürtel absinken. Das verbessert die Tonqualität und richtet den ganzen Menschen auf.

C. Schläfen

Durch die Anstrengung, die das Denken kostet, werden die Schläfen übermäßig angespannt. Massieren Sie Ihre Schläfen.

D. Nasenwurzel und der Bereich der Augenlider

Dort liegt das Zentrum des Gehirns, das immer tätig ist. Von diesem Zentrum aus können wir sehr schnelle Reaktionen steuern. Wenn mir der Wind ein Staubkorn ins Gesicht bläst, kann ich in einem Bruchteil einer Sekunde die Augen schließen. Hinter der Nasenwurzel, zwischen den Augen liegt das Zentrum, von dem aus ich versuche, alles um mich herum wahrzunehmen.

Lassen Sie die überflüssige Energie im Bereich der Augenlider heraussickern.

E. Mundgegend, Rachenraum, Kiefergelenkmuskeln

Aufgrund der immerwährenden Bereitschaft des Menschen zu sprechen, ist diese Gesichtspartie häufig verspannt. Schon beim Zuhören denkt der Mensch Sätze, die er dann vielleicht gar nicht aussprechen wird. Den ganzen Tag formuliert der Mensch Gedanken und Sätze aus seinen Beobachtungen. Der Mund ist dabei immer bereit, das zu formulieren, was wir denken, und deshalb in ständiger Spannung.

Wichtigste Übung gegen diese Verspannung ist „Das Gähnen" (siehe Punkt 4, S. 43).

2. Erdung

Sehr oft steht ein Sprecher gar nicht auf beiden Beinen, wenn er spricht. Er wackelt unsicher hin und her oder spricht schon, bevor er überhaupt an seinem Platz angelangt ist. Gerade für den Anfänger ist es so wichtig, zuerst einmal zu lernen, auf der Bühne ruhig zu stehen.

Wenn Sie sich auf der Bühne oder an einem Rednerpult schon etwas eingelebt haben, können Sie zwischen einem Standbein und einem Spielbein unterscheiden.

Übung: Stehen Sie locker, und schütteln Sie die einzelnen Körperteile, Arme und Beine, aus. Lockern Sie die Hüften. Dann bleiben Sie in der Mitte *zentriert auf beiden Beinen* stehen. Spüren Sie Ihr Gewicht auf beiden Beinen. Drücken Sie dabei die *Knie* nicht ganz durch. Viele Menschen drücken bei Streß oder beim öffentlichen Reden die Knie durch, anstatt locker dazustehen. Diese Spannung leitet sich dann in den gesamten Körper weiter.

3. Stuhlentspannung

Nun machen wir eine Übung, die überall und jederzeit durchführbar ist. Da der Schauspieler oder der Sprecher sich an jedem Ort entspannen können muß, eignet sich die Stuhlentspannung am besten, da immer irgendwo ein Stuhl zur Verfügung steht.

Diese Übungen kann ich sogar heimlich machen, wenn ich auf meinen Auftritt oder meine Rede warten muß, während der andere Redner noch spricht.

Übung: Spannungsableitung im Sitzen: Wir sitzen auf dem Stuhl und spüren jeden einzelnen Körperteil auf dem Stuhl. Wo bin ich mit der Unterlage in Kontakt? Dadurch wird die Überspannung auf den Stuhl abgeleitet.

Wie groß ist die Fläche z. B. der Fußsohle? Veranschaulichen Sie sich in Gedanken die Größe. Stellen Sie sich vor, Sie umranden die Fläche mit einem Bleistift.

Indem ich mich zur Unterlage hinwende, geschieht auch eine Zuwendung, eine Kontaktnahme mit der Außenwelt, die ich sowieso brauche, bevor ich mich an eine Zuhörerschaft wende.

Übung: klassische Stuhlentspannnung

Wir sitzen entspannt da – nicht nur bequem. Wir können den Unterschied leicht überprüfen, indem wir jeden Körperteil leicht bewegen und dann fallen lassen.

Auf einem Stuhl sitzen und alles fallen lassen, alles wird schwer, auch den Kopf fallen lassen. Gewicht des Kopfes spüren. Dann die Zunge herrausstrecken – das öffnet Mund und Resonanzräume. Schließlich können Sie dabei auch einen Ton von sich geben.

Während dieser Entspannungsübungen kommen häufig verschiedene Emotionen an die Oberfläche. Für den Schauspieler ist das eine Gelegenheit, auch die Gefühle abzuleiten. Dies geschieht, indem wir einen leichten, schwingenden Ton in der Brust erzeugen (auf „ahhhh“). Durch diesen Ton wird der Emotion ein Weg gebahnt.

Währenddessen ist es wichtig, die Entspannung nicht zu vergessen und die Entspannungsbewegungen (anheben und fallen lassen) fortzusetzen. Nur so kann gleichzeitig die überschüssige Energie freigesetzt werden.

Sollte es dem Schauspieler nicht möglich sein, während des Tones zu entspannen, ist es besser, die Emotion durch einen explosiven Laut wie „Ha“ zum Ausdruck zu bringen.

Vergessen Sie aber nicht, nach der Stuhlentspannung auch eine Aktivierungsübung zu machen, bevor Sie sprechen oder spielen müssen.

4. Bauch, Zwerchfell, Flankenatmung

Wie wir schon bei der Atmung gesehen haben, ist ein wichtiger Teil unseres Instrumentes der Bauch bzw. das Zwerchfell.

Entgegen jedem Schönheitsideal, dürfen wir beim Sprechen den Bauch nicht einziehen. Das erfordert Überwindung, vor allem, wenn wir vor vielen Leuten stehen müssen.

Übung: Hecheln Sie wie ein Hund. Dies ist eine Übung zur Bauchlockerheit und gegen das Einziehen. Hecheln macht uns atmungsaktiv.

Übung: Gähnen

Gähnen ist eine der wichtigsten Übungen für die richtige Atmung, für die Stimme, für die Artikulation, für den unteren Gürtelbereich, für die Stimmbänder und für den Mundresonanz-Raum. Der Kiefer läßt locker, fällt hinunter, wird gelockert. Außerdem wird dabei der hintere Rachenraum gehoben. Das führt zur Gähnspannung, die wir später noch besprechen werden. Gähnen führt zu einer Weitung im Halsbereich, diese ist für die Lautstärke wichtig. Gähnen ist auch eine Zwerchfellübung. Das Zwerchfell wird aktiviert, gibt uns die innere Weite, die wir brauchen.

Übung: Flankenatmung

Bevor ich irgendwo sprechen muß, lege ich die Hände nach hinten, auf meine Nieren und atme nach hinten. Auch das ist eine Übung, die ich jederzeit und überall durchführen kann.

II. Aktivieren

Es geht darum, den Körper in die richtige Bereitschaft zu bringen und somit mühelos sprechen und spielen zu können. Es geht um eine Haltung, die weder angespannt, verkrampft noch zu lasch ist. Vor dem Sprechen oder Spielen ist es wichtig, auch zu aktivieren, aktiv und präsent zu sein, da sonst die Gefahr des überlässigen, schlappen Auftretens besteht. Jeder weiß, daß er kaum laut sprechen kann, wenn er z. B. zusammengefallen, krumm dasitzt.

Wir werden Übungen durchführen, die uns aktiv machen – wie einen Jaguar, der jederzeit zum Absprung bereit ist. Bevor Sie spielen oder sprechen werden, machen Sie nach jeder Entspannungsübung unbedingt auch eine Aktivierungsübung.

1. Einfluß der Körperspannung auf den Ton

Wir wissen, daß unsere Stimme je nach Körperhaltung und Körperspannung variiert.

Partnerübung: Sacktragen

Wählen Sie einen annähernd gleich großen Partner aus. Der Untere nimmt den anderen auf den Rücken, wie einen Sack. Dabei darf der Getragene den Hals des Partners nicht beengen. Sprechen Sie vorher und nachher einen Testsatz. Wir merken. Die Atmung wird vertieft.

Diese Übung aktiviert unbewußt den ganzen hinteren Rücken. Behalten Sie die muskuläre Aktivierung des Rückens bei, wenn Sie danach den Testsatz sprechen.

Wir sehen. Die Tonqualität ändert sich je nach Körperposition und Haltung. Deshalb ist es auch wichtig, ein Empfinden für Muskelspannung und Atem zu entwickeln.

2. Aufrichten

Eine unserer wichtigsten Übungen zur Aktivierung der richtigen Körperspannung ist das Aufrichten. Eine richtige Haltung schafft gute Atmung und gute Sprechbedingungen. Eine schlaffe Haltung hat viele Nachteile sowohl für das Sprechen als auch für den ganzen Körper. Wenn der Körper richtig aufgerichtet ist, dann ist er entspannt.

Übung: Aufrichten

Aus dem Stand zuerst einmal alles nach vorne fallen lassen. Alles locker lassen, dann Wirbel für Wirbel aufrichten. Beim Aufrichten nicht ins Hohlkreuz gehen, da sonst der untere Rücken blockiert wird. Blockaden im Rückenbereich behindern eine tiefe Atmung. Nicht verkrampft stehen, sondern locker.

Zuviel Spannung ist sehr oft einfach Gewohnheitssache. Vorher und nachher sprechen wir einen Testsatz.

Bin ich aufgerichtet?

Übung: Mit einem Buch auf dem Kopf gehen – aber nicht verkrampft, statisch, sondern locker.

Allein die Kenntnis des eigenen Schwerpunktes baut schon überflüssige Spannung ab.

Versuchen Sie einmal, auf der Bühne Ihre Bewegungen, Ihre Impulse *von der Brust* aus zu beginnen. Allein dadurch wird Ihre Muskelanstrengung auf ein Minimum reduziert. Das läßt sich sehr gut verwenden, wenn ich auf der Bühne einen schwebenden Gang brauche oder eine große, plastische Bewegung erreichen möchte. Stellen Sie sich vor, Sie müssen jemandem einen wertvollen Brief übergeben. Wenn sich während des Gehens und Gebens der Schwerpunkt dauernd nach vorne bewegt, dann entsteht eine ausdrucksstarke Geste. Selbstverständlich kann ich dies nur anwenden, wenn es auch zur charakteristischen Haltung der Figur paßt.

Übung: Räkeln bis zu den Zehenspitzen

Wenn wir nun aufgerichtet sind, räkeln wir uns, bis in die Zehenspitzen. Wir greifen nach oben. Wir halten oben nicht die Luft an, sondern atmen weiter. Räkeln erhöht die Zwerchfellaktivität.

Durch das Aufrichten haben wir eine erhöhte Aktionsbereitschaft und Aufmerksamkeit.

3. Aktivierung des unteren Rückens

Der untere Rücken ist das Zentrum für unsere Lautstärke und für ein müheloses Sprechen. Es gibt nun ein paar sehr gute Übungen, um den unteren Rücken zu aktivieren und die Gähnspannung auf den unteren Rücken auszudehnen:

A) Unteren Rücken dehnen und Raum schaffen

Übung: Wir liegen auf dem Rücken. Ein Bein über das andere kreuzen. Schultern und Arme bleiben auf dem Boden. Jetzt nach hinten, in den unteren Rücken atmen. Dies ist auch sehr gut für die Flankenatmung, die Atmung wird vertieft. Diese Übung ist auch effektiv gegen ein Hohlkreuz – die Tonqualität wird verbessert. Diese Übung ist übrigens auch bei Menstruationsschmerzen sehr wirksam.

B) Atmung und Stimme aktivieren

Übung: Stehen, mit dem ganzem Rücken an eine Wand lehnen und nach hinten atmen. Machen Sie nun ein paar Gesangsübungen, z. B. „nananana“ hinauf und hinunter singen. Spüren Sie, wie leicht der Ton fließt, allein durch die Atmung in den Rücken.

Übung: An der Wand stehen, Rücken-Selbstmassage mit Tennisball; zwischen Wand und Rückgrat rollen wir einen Tennisball hinauf und hinunter.

Übung: Rückenrolle

Auf dem Boden sitzen, abgewinkelte Knie halten und mit rundem Rücken schaukeln, ohne zu holpern. Machen Sie den Rücken ganz rund, das Kinn berührt dabei die Brust, Wirbel für Wirbel wird abgerollt. Dabei weiter atmen. Nun sprechen Sie ein tiefes, langes, genüßliches „ho" – achten Sie darauf, daß in der Bewegung kein Bruch im Ton geschieht. Atem nicht stauen.

Schon das einfache Abrollen bringt eine Dehnung im hinteren Rückenbereich. Der Ton wird zunehmend freier und voller. Dies ist auch eine praktische Übung gegen ein Hohlkreuz.

Zum Aktivieren ist auch Sport im allgemeinen zu empfehlen. Der Schauspiellehrer Konstantin Stanislawski empfiehlt zum Beispiel Akrobatik, um die eigene Entschlußfähigkeit auszubilden. Gerade in der Akrobatik kann ein unnötiges Zögern, z. B. während eines Saltos, Todesgefahr bedeuten. Will der Akrobat den Salto schaffen, muß er handeln, ohne zu überlegen. Er muß sich ein Herz fassen und sich dem Zufall mutig anvertrauen. Er muß sich fallen lassen – komme, was wolle. Das gleiche gilt für den Schauspieler, der sich dem stärksten Moment seiner Rolle nähert. Da darf man nicht mehr nachdenken, sich selbst kontrollieren, zögern, sich lange vorbereiten. Hier gilt es *entschlossen zu handeln.*

Ich kann aus eigener Erfahrung sagen, daß mir der Akrobatik-Unterricht dazu verholfen hat, den Sprung ins kalte Wasser leichter zu riskieren – obwohl ich heute keine Saltos mehr mache...

ZUSAMMENFASSUNG

1. Unser Körper ist das Instrument, auf dem wir spielen.

- Bevor ich spiele, muß ich in Kontakt mit meinem Körper, mit meinem Instrument kommen.
- Körper spüren, kommt vor Ton hören.
- Wir stimmen unser Instrument durch Entspannung und Aktivierung.
- Meine private Verkrampfung überträgt sich auf den Zuhörer.
- Es genügt nicht, wirklich zu empfinden, wir müssen das Gefühl auch *zum Ausdruck bringen* können.
- Es gibt keinen Ausdruck, keine Gefühlsübertragung auf der Bühne bei einem verkrampften Körper.
- „Party-Effekt" – der innere Kontrolleur .

2. Entspannung und Aktivierung

Entspannung ist dazu da, um unnötige Spannung abzubauen. Es gibt bestimmte Körperzonen, die besonders anfällig für Überspannung sind:

Schultern
Nacken
Schläfen
Nasenwurzel
Bereich der Augenlider
Mundgegend, Rachenraum, Kiefergelenkmuskeln

- Körper aktivieren:

Einfluß der Körperspannung auf den Ton
Aufrichten
Aktivierung des unteren Rückens
Unteren Rücken dehnen und Raum schaffen
Atmung und Stimme aktivieren

TEXTGESTALTUNG FÜR LESUNGEN (PROSA ODER GEDICHTE)

Wie lese ich einen Text vor? Wie kann ich ihn zum Leben erwecken? Wie lese ich Prosa, wie ein Gedicht?

Es gibt ein paar wichtige Hilfen, die ich anwenden kann, wenn ich einen Text lesen muß. Hier die Fragen, die ich mir bei der Vorbereitung stelle:

Was ist die Absicht oder das Ziel des Textes?

z. B.: Psalm 23, 1–3
Der HERR ist mein Hirte,
mir wird nichts mangeln.
Er weidet mich auf einer grünen Aue
und führet mich zum frischen Wasser.
Er erquickt meine Seele.
Er führet mich auf rechter Straße
um seines Namens willen.

1. Wovon handelt der Text?

Das scheint bei diesem Psalm offensichtlich, aber wovon handelt er wirklich?

Von meinen Sorgen?
Meinen Ängsten?
Von Gottes Fürsorge?

Das Geheimnis eines Textes erschließt sich uns eher, wenn wir den Inhalt der Textstelle in eigenen Worten wiedergeben. Dazu eine wichtige Übung.

Übung: Inhalt mit eigenen Worten nacherzählen. Erzählen sie einem Freund oder Freundin den Inhalt den Textes, nachdem Sie ihn zwei-, dreimal durchgelesen haben, z. B. Psalm 23: Gott sagt mir, daß er weiß, was ich brauche, daß er mich kennt. Er verspricht mir, daß er mich führen wird usw.

2. Was will ich im Zuhörer bewirken?

Mit demselben Text kann ich völlig unterschiedliche Dinge bewirken. Ich kann Psalm 23 als Meditation oder als Aufforderung lesen. Will ich den Zuhörer wachrütteln? Oder beruhigen?

Ermutigen? Antreiben? Herausfordern? Bin ich mir bewußt, was ich durch meine Art, meine Persönlichkeit, meine Interpretation bewirke ?

3. Subtext

Der Subtext ist der Gedanke, der beim Text mitschwingt, den man sich beim Aussprechen eines Satzes denkt. Der Subtext enthält, was der Sprecher eigentlich sagen möchte, aber nicht laut ausspricht.

Subtext = Was möchte der Sprecher eigentlich sagen?

Nehmen wir ein einfaches Beispiel aus dem Alltag: Eine Mutter sagt zur Tochter: „Zieh' dir die Jacke an." Das kann aus *Liebe* oder als *Kritik,* als *Bevormundung* oder aus *Sorge* gesagt werden.

Ich muß mir beim Lesen genau des Subtextes bewußt sein. Ich sage: „Zieh' dir die Jacke an" und denke dabei: „Kannst du nicht einmal auf mich hören?" Oder ich sage: „Zieh' dir die Jacke an" und denke: „Bitte, Schatz, verkühl' dich nicht."

Dabei liegt meine *ganze Konzentration auf dem Subtext und nicht auf dem Text.* Das ist eines der großen Geheimnisse eines guten Schauspielers. Der durchschnittliche Schauspieler liefert den Text ab. Der gute Schauspieler spielt sowohl den Text als auch das, *was die Figur denkt, während sie spricht.* Bei jedem Satz muß ich genau wissen, was ich *eigentlich* sagen will.

Eine sehr gut Übung ist dabei, statt des gesamten Textes, die Gedanken zu sagen. Im wirklichen Leben bestimmen die seelischen Vorgänge den Text – und nicht in erster Linie die Worte. Es geht nicht so sehr darum, *was* ich mitteile, sondern vielmehr *wie* und *warum* ich es mitteile. Das Sprechen ist immer eine *Folge* eines seelischen Vorganges.

Das Wort ist nicht an sich schon wertvoll, sondern durch den inneren Gehalt, den Subtext, den ich hineinlege. Meine Aufmerksamkeit beim Sprechen eines Textes liegt also auf meinem inneren Vorgang, auf meinem Subtext. Das führt uns zum nächsten Punkt:

4. Pointierter Gedanke

Je pointierter, präziser der Subtext, der Gedanke ist, den ich übertragen möchte, desto leichter überträgt er sich auf den Zuhörer. Durch meinen spezifischen Gedanken komme ich zu maximaler Verständlichkeit und Klarheit meiner Aussage. Wenn ich z. B. bei „Zieh' dir die Jacke an" denke „Ich hab' dir schon 100 Mal gesagt, daß du dich im Winter warm anziehen sollst", dann wird sich dieser Gedanke auch übertragen.

Rhythmus

Der Rhythmus beim Vorlesen ändert sich nicht einfach nur, um ein bißchen Abwechslung in den Text zu bekommen. Er ändert sich aus zwingenden, ganz bestimmten Gründen.

Wann ändert sich der Rhythmus?

1. Verschiedene Personen

Im Text kommen verschiedene Charaktere vor, die alle ihren eigenen Rhythmus haben – je nach Alter, Charakter, Grundstimmung etc.

Beispiel: Johannes 13, 6

13, 6 Da kam er zu Simon Petrus; der sprach zu ihm: Herr, solltest du mir die Füße waschen?

13, 7 Jesus antwortete und sprach zu ihm: Was ich tue, das verstehst du jetzt nicht; du wirst es aber hernach erfahren.

13, 8 Da sprach Petrus zu ihm: Nimmermehr sollst du mir die Füße waschen!

Jesus antwortete ihm: Wenn ich dich nicht wasche, so hast du kein Teil an mir.

Beide Figuren haben ein unterschiedliches Temperament, einen unterschiedlichen Charakter und deshalb natürlich einen anderen Rhythmus.

2. In welcher Stimmung befindet sich die Person?

Beispiel: Psalm 51, David nach dem Ehebruch

51, 11 Verbirg dein Antlitz vor meinen Sünden, und tilge alle meine Missetat.

Schaffe in mir, Gott, ein reines Herz und gib mir einen neuen, beständigen Geist.

Wenn ich weiß, daß dieses Gebet nach dem Ehebruch gebetet wurde, dann wird durch diese Vorkenntnis auch der Rhythmus bestimmt.

3. Welche Emotionen hat die Person?

Nehmen wir nochmals unser Beispiel aus Johannes 13:

13, 6 Da kam er zu Simon Petrus; der sprach zu ihm: Herr, solltest du mir die Füße waschen?

Petrus ist empört, daß der Messias ihm die Füße waschen will.

13, 7 Jesus antwortete und sprach zu ihm: Was ich tue, das verstehst du jetzt nicht; du wirst es aber hernach erfahren.

Jesus versucht die aufgewühlten Emotionen von Petrus zu glätten.

13,8 Da sprach Petrus zu ihm: Nimmermehr sollst du mir die Füße waschen!

Petrus findet es indiskutabel, daß er sich vom Herrn bedienen lassen sollte.

Jesus antwortete ihm: Wenn ich dich nicht wasche, so hast du kein Teil an mir.

Jesus erklärt ihm, daß diese Waschung durch ihn unbedingt notwendig sei, wenn er zu ihm gehören will.

13, 9 Spricht zu ihm Simon Petrus: Herr, nicht die Füße allein, sondern auch die Hände und das Haupt!

Nun versteht Petrus. Er ist zuerst unwirsch und ungestüm, später dann einsichtig – sein Rhythmus wird sich daher am Wendepunkt ändern.

4. Verschiedene Zeiten

Vergangenheit, Gegenwart und Zukunft können in einem Text vorkommen.

Beispiel: Psalm 103

103, 2 Lobe den Herrn, meine Seele, und vergiß nicht, was er dir Gutes getan hat.

Hier denke ich an meine Vergangenheit, ich blicke zurück.

103, 3 Der dir alle deine Sünde vergibt und heilt alle deine Gebrechen.

103, 15 Ein Mensch ist in seinem Leben wie Gras, er blüht wie eine Blume auf dem Felde,

Nun bin ich in der Gegenwart.

103, 16 wenn der Wind darüber geht, so ist sie nimmer da, und ihre Stätte kennt sie nicht mehr.

103, 17 Die Gnade aber des Herrn währt von Ewigkeit zu Ewigkeit über denen, die ihn fürchten,

Hier bin ich in der Zukunft gelandet.

In diesem Text kommen alle drei Zeiten vor, der Rhythmus wird sich jeweils ändern.

5. Gefüllte Pausen

Eine Pause ist ein beredtes Schweigen. In der Pause kann ich sehr oft das ausdrücken, was sich mit Worten nicht mehr vermitteln läßt. Ich kann dabei gerade den Teil des Subtextes transportieren, den ich mit meinem Text nicht auszudrücken vermag.

Gefüllte Pause heißt, daß die Pause aktiv und reich an innerem Gehalt ist. Ich darf dabei nicht auf „auf Urlaub gehen". Ich verarbeite das, was ich gerade gesagt habe. Deshalb ist es wichtig, während der Pause aktiv zu bleiben und weiterzudenken.

Beispiel: Psalm 90, 12

Herr, lehre uns bedenken, daß wir sterben müssen, auf daß wir klug werden.

Hier hat der Leser eine Erkenntnis, die er verarbeiten muß – während einer gefüllten Pause.

Herr, kehre dich doch endlich wieder zu uns, und sei deinen Knechten gnädig!

Die Erkenntnis der eigenen Sterblichkeit erzeugt einen Rhythmuswechsel. Eine Pause wird sehr oft nach einer *Erkenntnis* oder einem *Wendepunkt* unbedingt notwendig, damit das Publikum Zeit hat, zu derselben Erkenntnis zu gelangen.

Beispiel: Johannes 13, 8.9

13, 8 Da sprach Petrus zu ihm: Nimmermehr sollst du mir die Füße waschen!

Jesus antwortete ihm: Wenn ich dich nicht wasche, so hast du kein Teil an mir.

Hier erlebt Petrus einen Wendepunkt – daher entsteht eine Pause.

13, 9 Spricht zu ihm Simon Petrus: Herr, nicht die Füße allein, sondern auch die Hände und das Haupt!

Jede Pause muß wirklich gerechtfertigt sein.

Umstände

Eine weitere Fundgrube bei der Textgestaltung ergibt sich, wenn ich die Umstände der Situation im Text hinterfrage.

1. Wo? – Der Ort

Wo spielt die Szene, der Text?

Jesus wird im Tempel anders sprechen als auf dem Felde, vor dem Kaiser oder zu Hause.

Nehmen wir das Beispiel Davids, als er sich in der Nacht heimlich zum Lager Sauls schleicht:

1. Samuel 26, 7 ff: So kam David mit Abischai in der Nacht zum Lager. Und siehe, Saul lag und schlief im innersten Lagerring, und sein Spieß steckte in der Erde zu seinen Häupten. Abner aber und das Volk lagen um ihn her.

David wird in dem Lager, in das er sich nachts eingeschlichen hat, sicher nicht laut sprechen.

Da sprach Abischai zu David: Gott hat deinen Feind heute in deine Hand gegeben. So will ich ihn nun mit seinem Speer an den Boden spießen mit einem Mal, daß es keines zweiten mehr bedarf.

Die Aufforderung, ihn zu töten, ist ebenfalls durch die Umstände geprägt.

David aber sprach zu Abischai: Tu ihm nichts zuleide; denn wer könnte die Hand an den Gesalbten des Herrn legen und ungestraft bleiben?

Achten Sie auf die *Stimmungen* des *Raumes.*

Am Hofe von König Saul wird David anders sprechen als am Felde bei den Schafen.

2. Wie sind die Umstände?

Es genügt nicht, einfach nur zu wissen, daß es sich um ein Lager handelt. Definieren Sie die Umstände ganz genau.

Das geschieht am leichtesten, wenn Sie sich fragen:

Wie würde ich sprechen, wenn...? So sind Sie gezwungen, dieses „Wenn" genau zu definieren.

Nehmen wir Jesus im Garten Gethsemane: Wie waren dort seine Umstände?

Matthäus 26, 36 ff: Da kam Jesus mit ihnen zu einem Garten, der hieß Gethsemane, und sprach zu den Jüngern: Setzt euch hier, solange ich dorthin gehe und bete.

Und er nahm mit sich Petrus und die zwei Söhne des Zebedäus und fing an zu trauern und zu zagen.

Da sprach Jesus zu ihnen: Meine Seele ist betrübt bis an den Tod; bleibt hier und wacht mit mir!

Jesus ist verzagt, er ist am Ende. Dieser Umstand wird ganz wesentlich die Art und Weise seiner Aufforderung prägen.

Die Frage, die ich mir hier stelle, lautet: Wie würde ich sprechen, wenn ich in Todesangst wäre? Wie würde ich die Jünger bitten?

3. Aus den Umständen folgen die Emotionen.

Matthäus 26, 40: Und er kam zu seinen Jüngern und fand sie schlafend und sprach zu Petrus: Könnt ihr denn nicht eine Stunde mit mir wachen?

Wachet und betet, daß ihr nicht in Anfechtung fallt! Der Geist ist willig; aber das Fleisch ist schwach.

Auf Grund der Umstände ergeben sich Stimmungen,

z. B. eine Abendstimmung:

Matthäus 26, 44: und ihre Augen waren voller Schlaf.

Die Stimmung wird also wesentlich auch durch die Müdigkeit bestimmt.

Und er ließ sie und ging abermals hin und betete zum dritten Mal und redete dieselben Worte.

26, 45 Dann kam er zu seinen Jüngern und sprach zu ihnen: Ach, wollt ihr weiter schlafen und ruhen?

Beachten Sie: Beim Mikrofonsprechen bescheiden sein, kein falsches Pathos. Das Mikro zeichnet ganz feine Stimmungen und Emotionen auf. Ich muß mir meiner eigenen Stimmung bewußt sein und stimmig sein.

Die Selbstoffenbarung

Wenn ich einen Text vortrage, schwingen immer mehrere Ebenen mit.

- Zuerst wird eine *Sachinformation* gegeben (= worüber ich informiere).
- Gleichzeitig existiert immer auch eine *Beziehungsebene* zwischen Sender und Empfänger (= was ich von dir halte und wie wir zu einander stehen).
- Meistens hat die Aussage einen *Appell* (= wozu ich veranlassen möchte)
- und eine *Selbstoffenbarungsseite* (= was ich von mir selbst kundgebe).

Ich trage immer etwas aus meiner Welt, aus meiner Erfahrung, aus meiner Lebenseinstellung in den Text hinein. Für den Schauspieler ist die Selbstoffenbarung die künstlerisch interessanteste Seite. Wenn ich Hamlet sehe, ist das *Wie* interessant, nicht so sehr das *Was*.

Das Theaterstück „Hamlet“ kann ich zu Hause lesen, aber mich interessiert das Wie des Schauspielers: Wie spielt er diese Rolle, wie erwacht dieser Text zum Leben?

Haben Sie deshalb Mut, persönlich Stellung zu beziehen und sich in den Text einzubringen.

1. Mut zur Persönlichkeit

Persönlichkeit ist nicht etwas, das ich entweder habe oder nicht. Jeder Mensch ist eine einzigartige Persönlichkeit. Es gibt ihn nur einmal unter sechs Milliarden Menschen, nur einmal in der ganzen Geschichte. Gott baut keine Reihenhäuser. Der Schauspieler muß sich vielmehr bewußt sein, wieviel er von seiner Persönlichkeit in einen Text hineinlegen möchte.

Machen Sie sich bewußt, wie Sie einen Text lesen. Handeln und sprechen Sie im eigenen Namen. Nehmen Sie den Inhalt eines

Textes ernst und beziehen sie ihn auf ihr Leben, ihre Lebenssituation, ihre Sorgen und Nöte. Ein Leser, der versucht, objektiv zu bleiben, ist meistens langweilig und gleicht einem Nachrichtensprecher.

Es gibt in der Kunst, in der Interpretation eines Textes keine standardisierte, genormte Form. Es gibt nicht die eine Hamlet-Interpretation.

2. Spontaneität und Herzlichkeit

Ein wichtiger Aspekt bei Lesungen ist, ganz bewußt die Verbindung zum Publikum herzustellen, vielleicht sogar auch meine Schwächen zu offenbaren.

Stellen Sie die Verbindung mit dem Publikum her, indem Sie um Stimmigkeit bemüht sind. Stimmig sein heißt: in Übereinstimmung mit der *Gesamtsituation*, mit dem *Ziel, meiner Verfassung* und der *Verfassung der Zuschauer* zu sein.

Technische Fehler einer Präsentation

1. Hastiges Sprechen

Oft haben wir den falschen Ehrgeiz, möglichst viele Worte in einem Atemzug zu sprechen. Wir fürchten, man höre uns nicht zu, oder wir glauben, wir müßten den Hörer ständig unterhalten. Sehr oft hört man dann wirklich nicht zu. Der Anfänger hat den Ehrgeiz, möglichst viele Worte in einem Atemzug auszusprechen. Steuern Sie bewußt dagegen.

2. Kein Mut zur Pause

Die richtige Einteilung der Pausen, vor allem bei einem gelesenen Text, ist bei der Gestaltung sehr entscheidend. Eine Pause erfordert Mut. Deshalb ist es so wichtig, daß die Pause gefüllt ist. Eine gute Pause ist mit Emotionen gefüllt, Gedanken werden nachvollziehbar, Wendepunkte kristallisieren sich heraus.

3. Falsche Körperhaltung

Die richtige Körperhaltung ist nicht nur für Atmung/Stimme/Ausdruck wichtig, sondern auch für das Publikum. Mit meinem Körper drücke ich auch die Beziehung zu meinem Publikum aus (= Beziehungsebene).

Aufrichten: Wie stehe ich zu dem, was ich sage? Meine innere Haltung drückt sich auch in meiner Körperhaltung aus.

4. Alles in derselben Tonlage

Um Stimmung zu übertragen, brauche ich Modulation. Lesen Sie dazu das Kapitel „Stimmtraining“.

Jeder Satz hat eine mehr oder weniger offensichtliche „Jaulstruktur“ – die Jaulstruktur eines Textes ist die Sprachmelodie, der Singsang, der unter den Worten liegt. Jeden Satz könnte man auch in Noten aufschreiben.

Durch die Jaulstruktur werden die *Emotionen* übertragen. Auch unsere Äußerungen im Alltag haben eine Jaulstruktur, aufgrund der Emotion, die darunter liegt. „Nein, ich will nicht“ oder „Geh, laß mich doch in Ruhe“ haben eine ganz eigene Melodie, um die Emotion dahinter zu übertragen.

Die Form der Jaulstruktur ist von der jeweiligen Situation abhängig. Eine Aussage ohne Jaulstruktur finden wir in einer reinen Sachinformation oder Nachricht („Tagesschau“).

5. Monotonie

Monotonie entsteht durch:

- gleichbleibende Lautstärke
- gleichbleibenden Rhythmus
- keine, zu viele oder leere Pausen (z. B. bei einem Gedicht
- nach jeder Strophe)
- Unbeteiligtsein am Inhalt des Textes

Beachten Sie die Bandbreite des alltäglichen Sprechens!

Publikumskontakt bei Lesungen oder Ansprachen

Kontakt aufnehmen, um die Beziehungsseite zu klären!

Nicht über dem Publikum stehen, indem man z. B. sagt: „Mein Thema ist gerade für Anfänger sehr kompliziert, ich werde versuchen, mich einfach zu halten, und bitte Sie um Ihre volle Aufmerksamkeit“ (= Ihr seid die Anfänger, ich bin der Experte...). Solche Aussagen zeigen die Beziehungsebene zwischen Vortragendem und Publikum (= was ich von euch halte und wie wir zueinander stehen). Sie sprechen *für* das Publikum. Es muß spüren, daß es geschätzt und geachtet wird. Ihr Ziel ist nicht das Schönsprechen, das Imponieren, sondern Ihr Mitteilungswille.

Einatmen, bevor Sie zu sprechen beginnen. Nehmen Sie ihr Publikum beim Einatmen auf. Probieren Sie dazu einmal folgenden Test:

Übung: Halten Sie die Hand zehn Zentimeter vor Ihr Gesicht. Betrachten Sie Ihre Handfläche. Sie spüren dabei die kurze Atmung. Nun blicken Sie in die hinterste Reihe und atmen ein. Merken Sie den enormen Unterschied? Sie atmen plötzlich den ganzen Raum ein!

Ihre Atmung wird weiter. Atemweite erhöht Ihre Präsenz. Bei einer Lesung kleben Schauspieler, Leser oder Sprecher oft mit ihrem Blick auf ihren Notizen – sie sind dann nicht im Raum präsent.

Blickkontakt führt zu erhöhter Aufmerksamkeit und Aufnahmebereitschaft. Halten Sie Blickkontakt mit den hinteren Reihen.

Körperhaltung: Aufrichten, *Erdung,* das ganze Gewicht auf beiden Füßen – so haben Sie einen festen Stand...

ZUSAMMENFASSUNG

Fragen, die ich mir bei der Textgestaltung stelle:

1. *Was ist die Absicht oder das Ziel des Textes ?*

- Wovon handelt der Text ?
- Was will ich im Zuhörer bewirken ?
- Subtext

  Meine ganze Konzentration liegt auf dem Subtext und nicht auf dem Text.

  Es geht nicht so sehr darum, was ich mitteile, sondern wie und warum ich es mitteile. Das Sprechen ist immer eine Folge eines seelischen Vorganges.
- Pointierter Gedanke

Je pointierter, präziser der Subtext, der Gedanke ist, den ich übertragen möchte, desto leichter überträgt er sich auf den Zuhörer.

2. Rhythmus

- Wann ändert sich der Rhythmus?
- In welcher Stimmung befindet sich die Person?
- Welche Emotionen hat die Person?
- Gefüllte Pausen: Die Pause ist ein beredtes Schweigen.
- Eine Pause ist sehr oft eine Erkenntnis oder ein Wendepunkt.
- Jede Pause muß gerechtfertigt sein.

3. Umstände

- *Wo* – der *Ort*
- *Wie* sind die *Umstände?*

4. Die Selbstoffenbarung

- Persönlichkeit – Spontaneität und Herzlichkeit
- Wenn ich etwas *von* mir gebe, gebe ich etwas von *mir*.
- Stimmigkeit: Verbindung herstellen! Stimmigkeit heißt: In
- Übereinstimmung sein mit der Gesamtsituation, mit dem Ziel, meiner Verfassung und der *Verfassung* der Zuschauer.

5. Technische Fehler der Präsentation

- Hastiges Sprechen
- Falsche Körperhaltung
- Alles in derselben Tonlage
- Monotonie entsteht durch:

  gleichbleibende Lautstärke
  gleichbleibenden Rhythmus
  keine, zu viele oder leere Pausen (z. B. bei einem Gedicht nach jeder Strophe)

6. Publikumskontakt bei Lesungen o.ä.

- Kontakt Aufnehmen, um die Beziehungsseite zu klären!
- Nicht über dem Publikum stehen.
- Blickkontakt mit den hinteren Reihen.
- Körperhaltung: Aufrichten – *Erdung* –
- Ich spreche *für das Publikum* – Mitteilungswille

IMPROVISATION – DER WEG ZUR ROLLE

Im landläufigen Verständnis meint man oft, Improvisation bedeutet, daß man sich mit eigenen Worten über den fehlenden Text hinweghilft. Dann heißt es: Der Schauspieler improvisiert. Oder man hat unerwartet Gäste, dann wird schnell ein Abendessen „improvisiert". Beim Theater bedeutet Improvisation etwas ganz anderes. Improvisation ist eine Methode, um die Szene, die Situation zu finden, zu erschaffen, lange bevor der Text gelernt ist.

Die Situation

In der Improvisation lernen wir, daß es nicht der Text ist, der eine Szene bestimmt, sondern die *Situation.*

Was ist darunter zu verstehen? Zuallererst meinen wir damit die *gegebenen Umstände.* Eine Übung soll die Bedeutung der Improvisation und der gegebenen Umstände deutlicher machen.

Übung: Nehmen wir zwei einfache Textzeilen:
Ein Mann kommt nach Hause
Mann: Hallo. Wartest du schon lange?
Frau: Eine Ewigkeit.

Spielen Sie diese Szene mit einem Partner, wie es Ihnen gerade liegt. Dann spielen Sie diese Szene noch einmal und stellen sich vor:

- daß der Mann gerade seinen Job verloren hat und mit dieser Nachricht nach Hause kommt.

Nun spielen Sie dieselben zwei Zeilen noch einmal, und stellen sich vor, daß

- der Mann soeben eine Gehaltserhöhung erhalten hat.

Erfinden Sie neue Umstände:

- der Mann kommt von einem Gefängnisaufenthalt zurück
- die Frau erfuhr soeben von ihrer Schwangerschaft
- die Frau weiß, daß ihr Mann einen Mord begangen hat

Erfinden Sie eine *neue Situation,* neue gegebene Umstände: z.B. ein Fußballstadion – nach dem Spiel. Ein junger Mann muß auf die Toilette, er trifft aber auf eine bereits wartende lange

Schlange von ungeduldigen Burschen. Er fragt den hintersten Typen: Hallo, wartest Du schon lange...?

Wenn Sie diese Szene nun in veränderter Form gespielt haben, werden Sie erkennen, daß es *nicht der Text* war, der die Szene bestimmt hat. Die Worte waren immer dieselben – doch die Szene hat sich jedesmal radikal verändert. Die Veränderung erfolgte durch die *gegebenen Umstände*. Hier sind kleine Details oft von großer Bedeutung, z. B: Welche Fußballmannschaft hat das Spiel eigentlich gewonnen?

Diese Umstände bestimmen also die ganze Szene, nicht der Text. „Gegebene Umstände" – das ist die Situation, die stattfand, bevor die Szene auf der Bühne einsetzt. Sie sollten nicht bloß erdacht, sondern *durchgespielt* werden. Denn diese Umstände bestimmen ja – wie wir gerade gesehen haben – die ganze darauf folgende Szene.

Aber wir spielen auch die Szene selbst durch, noch ohne gelernten Text, so wie ich sie durchleben würde. Improvisation ist der Versuch, eine Situation so zu durchleben, als wäre ich die Figur. Unsere Konzentration liegt dabei auf der *Situation* und auf unseren *Handlungen* und nicht auf dem Text. Deshalb beginnen wir jede Szene mit der Improvisation und nicht mit dem Text. Die Kunst des Schauspielers liegt nicht darin, einen Text aufzusagen, sondern eine Situation zu erfassen, zu erschaffen und immer wieder neu zu erleben.

Erleben auf der Bühne

Aus meinem Erleben auf der Bühne spreche ich dann die Worte. Dabei erhalten die Worte die Bedeutung, die sich aus meinem Erleben ergeben. Das heißt, mein Erleben bestimmt den Sinn der Worte und nicht umgekehrt.

Ich will noch eine andere Übung anführen, die zeigt, daß die Aussage einer Szene nicht im Text liegt.

Übung: Sie ziehen sich gerade um. Sie möchten mit ihrer Freundin ins Kino gehen. Nun erhalten Sie einen Anruf, daß diese Person sehr krank geworden sei. Sie gehen nun trotzdem ins Kino, aber leider alleine. Sie ziehen sich weiter an, suchen die Autoschlüssel usw. Natürlich ändert sich nun die Art, wie dieselbe Aufgabe (das Anziehen) unter anderen Voraussetzungen ausgeführt wird.

In diesem Fall haben sich die Umstände innerhalb der Szene geändert. Aufgrund dieser Veränderung ergeben sich ohne jegliche Anstrengung völlig neue Bedeutungen, Farben der Handlungen.

Unser Ziel ist es, zu einem wirklichen Erlebnis auf der Bühne zu kommen. Der Schauspieler schauspielert nicht, sondern erlebt die Situation im Moment. Alle Gefühle, Empfindungen, Gedanken der Rolle werden dabei zu Empfindungen des Schauspielers. Dieses psychische Leben der Rolle muß er in seiner eigenen Seele wiederfinden.

Wie komme ich zu einem richtigen Erleben auf der Bühne? Dazu eine der wichtigsten Improvisationsübungen für alle Szenen, die Sie später einmal spielen werden:

Das schöpferische „Wenn"

Übung: Nehmen Sie eine Theaterszene und fragen Sie sich:

Wie würde ich mich verhalten, wenn ICH mich in dieser Situation befände?

Diese Frage sollen Sie nicht in Worten, sondern in Handlungen beantworten. Wenn Sie einen bestimmten Zustand, ein bestimmtes Gefühl gestalten wollen, müssen Sie sich zunächst fragen: Wie würde ich handeln? Übertragen Sie nun Ihre Handlungen auf die Rolle. Legen Sie das Resultat wie ein Pauspapier auf Ihre Rolle. Was würden Sie tun, *wenn* Sie sich in den gegebenen Umständen befinden würden? Dieses „Wenn" ist unser Umschalthebel, der uns in die Welt der Figur versetzt. Wie würden Sie empfinden, reagieren?

Unsere erste Aufgabe ist daher, die *gegebenen Umstände* zu *definieren* – dieses Wenn.

Dies geschieht am einfachsten durch die *W-Fragen:*

Wer? Was? Wann? Wo? Warum? Wie?

Die vorgegebene Situation

Ich spiele nun die Szene mit eigenen Worten, mit eigenen Reaktionen, so wie *ich* mich in dieser Situation – unter diesen gegebenen Umständen – verhalten würde.

Schaffen Sie die vorgegebene Situation. Improvisieren Sie die im Stück vorgegebene Situation, und reagieren Sie dabei so, wie Sie reagieren würden. Ich erschaffe dabei die Situation, so wie *ich* sie erleben würde.

In der Improvisation erfinden wir die Situation durch das Handeln unter den gegebenen Umständen. Wir improvisieren, um die *Logik der Szene* zu finden. Wenn man zu früh mit dem Text anfängt, wird man zu sehr davon eingeengt. Man bewegt sich dann nur in dem Rahmen, den der Text vorzuschreiben scheint, ohne es sich zu erlauben, die Logik der Szene selber zu finden. Wenn man improvisiert, ohne den Text vorher auswendig zu lernen, findet man seine eigene Logik. So lernt man, sich auf seine eigene Weise auszudrücken. Vieles von meinen Handlungen und Gefühlen werde ich später dann in die Theaterszene mit hineinnehmen, auch wenn es nicht explizit in dieser Szene vorkommt.

Übung: Nehmen wir an, Sie spielen eine Szene im Wohnzimmer, abends. Der Autor schreibt vor, daß Sie ein Geräusch hören und sich dann fürchten. Doch was taten Sie im Wohnzimmer, bevor das Geräusch kam? Davon steht meistens nichts im Text. Also improvisieren Sie die Situation, indem Sie sich vorstellen, daß Sie abends alleine zu Hause sind. Was tun Sie? Vielleicht kleben Sie Photos ihrer verstorbenen Katze in ein Album? Oder Sie werfen sich auf die Couch und lesen ein Buch über Pilze? Sie könnten nun diese Handlung in der Szene beibehalten und werden dann von den Stichworten des Autors (in diesem Fall dem vorgeschriebenen Geräusch) unterbrochen.

Nehmen wir weiter an, daß der Autor vorschreibt, daß Sie später ein Licht sehen. Sie improvisieren vorerst die Situation weiter. Sie haben also ein Geräusch gehört – was tun Sie? Vielleicht schließen Sie zuerst einmal alle Fenster, aus Angst. Dann erst sehen Sie das Licht. Sie werden also hier wieder inmitten

Ihrer Handlung, die Sie selber entdeckt haben, vom Stichwort des Autors unterbrochen.

Die Szenen-Realität

Ein Schauspieler darf niemals auf sein Stichwort warten. Er definiert seine eigene Szenen-Realität, um sich dann darin bewegen zu können.

Mit der Frage: *„Wie würde ich handeln, wenn ich in einer solchen Situation wäre?“* entwickle ich meine Szenen-Realität.

Versuchen Sie, wahrhaftig an die vorgeschlagene Situation zu glauben und nicht schon das Gefühl dazu herzustellen. Wenn Sie sich wirklich in die Situation versetzen, wird das Gefühl ganz von selbst nachfolgen.

Diese von Ihnen erschaffene, konkrete Situation wird Ihnen helfen, vom „Allgemeinen“ des Laien wegzukommen. Mit „allgemein“ ist das unkonkrete, diffuse Spielen einer Situation gemeint. Dabei leidet der Schauspieler auf der Bühne, um zu leiden, weint, um zu weinen. Er macht alles nur deshalb, weil es im Stück steht und nicht, weil es in seinem Innersten erlebt wurde. Das nennen wir das „Allgemein-Spiel“, das wir sehr oft im Laientheater sehen können. Dies führt dann auch zur „Theater-Emotion“, Emotionen im allgemeinen, die das Publikum nicht wirklich berühren.

Als Grundsatz gilt: Je allgemeiner und ungenauer nach den Umständen gefragt wird, desto verschwommener bleibt die Situation, und desto allgemeiner wird das Handeln.

Wir spielen also die Szene unter den vorgegebenen Umständen und sehen, wie wir selbst reagieren würden.

Übung: die Szene ohne Worte spielen

Damit klarer wird, was auf der Bühne geschieht, welche Handlungen entscheidend sind, spiele ich die Szene einmal ohne Worte. So kommen wir zum Grundverhalten der Figur, das nicht von den Worten abgeleitet ist. Ich lerne dabei die Figur durch die Handlungen kennen, die sie ausführt. Eine Abwandlung dieser Aufgabe besteht darin, daß Sie statt des Textes eine Phantasiesprache sprechen. So liegt Ihre Konzentration nicht auf den Worten, sondern auf der Situation.

Was ist aber nun, wenn sich die Figur völlig anders verhält, als ich es tun würde? Wenn z. B. Othello Desdemona ermorden muß?

Damit kommen wir zur zweiten Frage:

Neue Umstände erfinden

Welche Umstände könnten mich dazu veranlassen, mich so zu verhalten, wie die Rolle es vorschreibt?

Übung: Was müßte geschehen sein, damit ich mich so wie in dieser Szene verhalten würde? Jetzt gehe ich nicht von den vorgegeben Umständen des Stückes aus, sondern *erfinde neue Umstände dazu.*

Wann könnte ich einen Menschen umbringen? Vielleicht wenn jemand meinen liebsten Menschen ermordet hat? Der Gedanke liegt nahe, daß ich persönlich niemals einen Menschen umbringen könnte. Aber ich suche nach Situationen, in denen es in den Bereich des Möglichen rückt.

Jeder hat schon einmal einen zerstörerischen Geist in sich hochsteigen gespürt, wenn er auf ein so winziges Objekt wie eine Mücke reagiert. Aber beginnen wir nicht gleich mit dem Schwierigsten – Mord.

Übung: Nehmen wir an, Sie müssen wütend werden, Ihren Ehepartner beschimpfen.

Nun gilt es, eine Situation zu finden, die Sie wütend macht, in der Sie „ausrasten" würden.

Spielen Sie diese Szenen durch.

Merken Sie sich dieses Erleben – Sie werden es später in Ihre Rolle übertragen.

Ich begründe also mein Handeln auf der Bühne mit meinen eigenen Umständen, Situationen, die ich selbst hinzufüge.

Sie suchen auf diese Weise nach einer Ersatzrealität, die sich von den Umständen im Stück unterscheiden, um Sie zu motivieren und Ihre Handlungen auf der Bühne zu rechtfertigen.

Es gibt eine Formel, um eine Handlung zu rechtfertigen. Sie heißt: *Was muß geschehen sein, um die Handlung für mich spielbar zu machen?* Damit machen Sie für sich Ihre Handlungen *glaubhaft*. Denn es genügt nicht, wenn ich meine Handlung rechtfertigen kann, ich muß mir auch wirklich *glauben*. Nur wenn ich mir selbst und meinen Handlungen glauben kann, wird mir das Publikum glauben. Der Schauspieler muß es schaffen, sich von der Richtigkeit dessen, was er tut, zu überzeugen, damit er auf der Bühne auch glaubhaft agieren kann. Nur so kann er voll und ganz an das glauben, was er auf der Bühne denkt und sagt.

Seien Sie wahrhaftig!

Wahrhaftigkeit auf der Bühne ist eines der wichtigsten Merkmale des guten Schauspiels. Wahrhaftigkeit ist das, woran wir sowohl in uns selbst als auch in den Szenen mit unseren Partnern aufrichtig glauben können.

Nochmals: Ich muß mir auf der Bühne selbst glauben können. Wo aber ist die Wahrhaftigkeit zu finden? Der Anfänger ist immer geneigt, seine Wahrhaftigkeit nur in seinen Gefühlen zu sehen. Doch Gefühle sind wechselhaft. Sie können nicht immer gleich empfunden werden.

Am einfachsten ist es, Wahrhaftigkeit im Bereich des Körpers aufzuspüren, in kleinen einfachen Handlungen, die wir auf der Bühne durchführen.

Nehmen wir nun an, Sie müssen eine tragische Situation spielen. Sofort steigert sich der Schauspieler in die Szene hinein, zerreißt sich in Fetzen, wühlt in seinen Gefühlen oder vergewaltigt das Gefühl ganz unnötig.

Wenn Sie aber dem Schauspieler eine einfache Aufgabe vorgeben, z. B. „sich anziehen, *um* zum Leichenschauhaus zu fahren“ oder „Autofahren, *um* dorthin zu kommen“, und erfüllen diese mit interessanten, vorgeschlagenen Situationen, so geht er an diese Handlungen ohne Hemmungen heran, ohne darüber nachzudenken, ob die Tragik auch wirklich zu Tage tritt. Jeder weiß, daß ich das Geschirr ganz anders spüle,

- wenn ich richtig sauer bin, weil der Geschirrspüler schon schon wieder defekt ist oder
- wenn Geschirrspülern die schönste Sache der Welt für mich ist...

Doch *wie weiß ich, welche Handlungen ich auf der Bühne erfinden soll?* Wenn Sie die gegebenen Umstände richtig definiert haben, ergibt sich daraus automatisch die Handlung der Szene. Handlungen sind immer verbunden mit unserem Ziel.

Ich definiere also meine Aufgabe. Wie geschieht das?

Indem ich der vorgeschriebenen Szene einen Titel gebe:

„Ich will ...., um ....“

Mit dem „Ich will..., um...“ sowie mit den gegebenen Umständen finde ich meine Handlungen. Handlung geschieht immer angepaßt an die gegebenen Umstände.

Übung: Nehmen wir z. B. an, Sie besuchen mich und wollen mich bitten, Ihnen beim Umzug zu helfen. Leider ist bei Ihrem Besuch auch eine Person anwesend, die Sie nicht mögen. Dieser gegebene Umstand wird sicher die Art beeinflussen, wie Sie mich nun um Hilfe bitten. Das nennen wir die Anpassung an die gegebenen Umstände, die meine Handlung beeinflussen.

Wie finde ich die richtigen Handlungen?

Ich frage mich:

1. Was will ich? (ich will..., um...)
2. Wie sind die gegebenen Umstände?
3. Was würde ich unter den gegebenen Umständen tun?

So finde ich dann zur Handlung.

Übung: Lassen Sie ein paar Schauspieler auf der Bühne „gehen“, einfach nur herumgehen, planlos. Sie werden bemerken, daß die Schauspieler mehr oder weniger verkrampft auf der Bühne herummarschieren oder sich pseudo-lässig und locker geben werden. Aber irgendwie erscheint das Ganze doch unnatürlich. Nun geben Sie den Schauspielern die *Aufgabe, während des Gehens an ein Theaterstück zu denken,* das sie vor kurzem gesehen haben, an eine ganz bestimmte Szene, die ihnen gut in Erinnerung geblieben ist und die sie nachher nacherzählen sollen. In dem Moment werden sie merken, daß sich das Gehen der Schauspieler plötzlich verändert. Es wird locker, natürlich und organisch. Die Ausdrucksweise im Gesicht wird interessant und menschlich. In dem Moment, in dem der Schauspieler eine reale, einfache Aufgabe erhält, weicht ein Teil von dem verkrampften Bühnenspiel. Er wirkt überzeugend. Dies ist eine einfache Übung und enthält eine einfache Lehre: Der Schauspieler muß *denken,* um auf der Bühne lebendig und real zu wirken. Er darf nicht nur so tun, als würde er etwas denken oder tun. Er muß tatsächlich denken und tun. Vor allem muß er an seine Aufgabe denken. In diesem Fall ging der Schauspieler auf der Bühne umher, um dabei an sein Theaterstück zu denken.

Es kommt weniger darauf an, *was* der Schauspieler denkt, als *daß* er wirklich über etwas nachdenkt, das in diesem Augenblick für ihn real ist. So zu tun, als würde man über etwas nachdenken, das mit dem Stück zu tun hat, ist nicht real genug. Wenn ein Schauspieler auf der Bühne kurz seinen Text vergessen hat, geschieht es sehr oft, daß er danach wesentlich wahrhaftiger auf der Bühne agiert. Dieser Prozeß wird dadurch ausgelöst, daß der Schauspieler gezwungen wird, kurz innezuhalten und nachzudenken. Durch dieses wirkliche Denken entsteht eine reale Handlung auf der Bühne und daraus die Freiheit echten Handelns.

Wenn der Schauspieler sich selbst wirklich *gestattet nachzudenken,* wenn seine Phantasie wirklich arbeitet und er *tatsächlich handelt* auf der Bühne, dann braucht er keine Klischees, weil der natürliche Prozeß des Schauspielens in Gang gebracht wird.

So dient auch die Improvisation dazu, auf der Bühne wirklich denken und fühlen zu lernen und die eigene persönliche Realität zu erschaffen. Der Ausdruck des Schauspielers verbessert sich dadurch, daß er auf der Bühne etwas ganz Konkretes tut, etwas ganz Konkretes denkt. Improvisation hilft uns, auf der Bühne wirklich zu denken, wirklich auf den Partner zu reagieren, mit wirklich spontanen Reaktionen und nicht mit vorgeschriebenen. *Durch Improvisation lernt der Schauspieler, auch ohne vorgeschriebenen Text auf der Bühne zu existieren.* Er existiert ganz real und reagiert auf seine Umwelt. Er reagiert tatsächlich, im Moment, und nicht nur, weil der Text es so verlangt.

Das emotionale Gedächtnis

Um mir wirklich zu glauben, muß ich irgendwo in mir diese Realität, dieses Gefühl aufspüren. Das funktioniert am besten, indem ich vergangene Erlebnisse meines Lebens durchspiele. Wir arbeiten dabei mit dem *emotionalen Gedächtnis.*

Das emotionale Gedächtnis ist nichts anderes als eine emotionale Reaktion auf ein Objekt (eine Person). Das Objekt oder der Reiz dienen dazu, vergangene Erlebnisse in mir wieder wachzurufen und die damit verbundenen Emotion neu zu erleben und so für die Szenen verwenden zu können.

Veranschaulichen wir diese Definition an einer einfachen Übung:

Übung: Stellen Sie sich vor, Sie treffen auf der Straße Ihre beste Freundin. Sie erzählt Ihnen, sie hätte gerade Ihre Jugendliebe getroffen. In dem Moment, als sie den Namen Ihres „Verflossenen" erwähnt, wird Ihnen ganz heiß, Ihr Herz flattert. Sie versuchen, Ihre Reaktion zu verbergen, aber allein der Name Ihres Ex-Freundes löst in Ihnen eine Kette von Reaktionen aus. Die betreffende Person ist gar nicht anwesend, aber Sie reagieren so, weil Ihnen Erlebnisse mit diesem Menschen in Erinnerung kommen.

Sie sehen also, daß man sich das Objekt (in diesem Fall den Ex-Freund) nur vorstellen muß – und schon reagieren Sie darauf. *Das emotionale Gedächtnis ist also die emotionale Reaktion auf ein vorgestelltes, Ihnen bekanntes Objekt.*

Wie funktionieren meine Gefühle?

Meine Gefühle reagieren nicht von selbst, es sei denn ich empfange einen Reiz, auf den sie reagieren können. Meine Gefühle selbst empfinden nicht von alleine. Sie reagieren auf die Information, die ich ihnen gebe.

Dies funktioniert aber nur unter ganz bestimmten Bedingungen:

1. Entspannung

Die *erste* Voraussetzung ist, wie wir schon im Kapitel „Entspannung und Aktivierung des Körpers" gesehen haben, die Entspannung. Will der Schauspieler ein Erlebnis wieder beleben und neu durchleben, so muß er sich zunächst einmal entspannen. Jede Übung beginnt mit der Entspannung.

2. Sinneseindrücke

Das emotionale Gedächtnis wird durch Sinneseindrücke zum Leben erweckt. Was bedeutet das ?

Übung: Nehmen wir an, Sie erinnern sich an eine Situation, in der Sie sich verlassen fühlten. Denken Sie nun nicht an das Gefühl zurück. Versuchen Sie nicht, das Gefühl wiederzuerleben! Kümmern Sie sich nicht um Ihre emotionale Reaktion. Erinnern Sie sich nur an Ihre damaligen Sinneseindrücke, d. h. an Dinge, die geschahen und wie sie aussahen, sich anhörten, anfühlten, schmeckten usw. Was hatten Sie an? Wie sah der Ort aus? Was ist Ihnen an diesem Platz besonders aufgefallen? Hatte der Raum einen besonderen Geruch? Was trug die Person? War es kalt? Welche Geräusche lagen in der Luft?

Strengen Sie sich nicht an, das Gefühl wieder einzufangen, sondern das Objekt, das Ereignis, die Situation, die dieses Gefühl hervorrief.

Gefühle reagieren nicht auf Befehle sondern auf Sinneseindrücke. Wenn ich ihnen befehlen würde: Produzieren Sie ein Hungergefühl, einen wäßrigen Mund, so werden Sie meinem Befehl nicht folgen können. Wenn ich sie aber anweise, über die Sinneseindrücke von Schokolade zu meditieren, werden sie bald einen wäßrigen Mund haben und nach einem Stück Schokolade suchen.

3. Konzentration auf das Objekt

Die Konzentration des Schauspielers gilt dem Objekt und nicht der Sorge darüber, wie er sein Gefühl ausdrücken soll. Wenn ich z. B. Angst spielen soll, dann stelle ich mir das Objekt vor, das Angst erregt. Der Schauspieler ist also damit beschäftigt, *die Ursache* innerlich zu erzeugen und n*icht die Ergebnisse*. Das Gefühl entsteht erst dann wie im wirklichen Leben. Wenn Sie dies befolgen, werden Sie merken, daß ohne weitere Anstrengungen Ihrerseits das Gefühl zurückkehrt.

Es empfiehlt sich, die (unter 2. beschriebene) Übung des Erinnerns zu wiederholen. Achten Sie nun darauf, daß Sie bei der Wiederholung das Gefühl nicht schon vorwegnehmen. Denn es ist, obwohl es wiederkommen wird, doch niemals ganz dasselbe. Wenn Sie sich darauf versteifen, dasselbe Gefühl hervorzubringen, dann verlieren Sie die Konzentration auf die Objekte, und das Gefühl könnte ausbleiben. *Sobald wir nämlich auf unsere Reaktion und nicht auf das Objekt achten, wird der Impuls unterdrückt.*

Um zu überprüfen, ob Sie die Übung richtig machen, sprechen Sie anfangs laut ihre Erinnerungen aus. Sprechen Sie dabei so, als ob es Ihnen gerade eben passiert sei.

Doch nach einigem Üben ist dies nicht mehr nötig. Sie können die Übung dann stumm ausführen.

Übung: Wählen Sie eine einfache Aufgabe, etwa das Abwaschen, und führen Sie die Erinnerungsübung mit innerer Konzentration durch.

Dann wählen Sie einige Zeilen Ihres Textes. Fangen Sie die Übung an, erinnern Sie sich an Ihr Erlebnis, behalten Sie Ihre Empfindung bei und sprechen Sie dann gleichzeitig Ihren Text. So lernt der Schauspieler Schritt für Schritt seine eigenen Erfahrungen einzubringen und den Stellen zu unterlegen, an denen er plötzlich starke Gefühle ausdrücken soll.

Es kann sein, daß er mit dem Erinnern schon ein paar Minuten vor dem Ausbruch beginnen muß, um dann das Gefühl im richtigen Moment bei der Hand zu haben. Aber konzentrieren Sie sich dabei nicht auf das *Gefühl* selbst, sondern auf den *Reiz,* das Objekt, das dieses Gefühl auslöste.

Schauspielen ist die Fähigkeit, auf imaginäre Reize zu reagieren. Wie im wirklichen Leben muß es auf der Bühne immer einen Reiz geben, der unsere Reaktionen in Gang setzt.

Übung: Nehmen wir an, daß ich auf der Bühne lachen muß.

Ich stehe auf der Bühne und lasse mich von dem Gedanken bestimmen: „Jetzt kommt gleich der Moment, jetzt muß ich dann lachen." Ich verkrampfe mich, und es gibt kein wirkliches Erleben. Ich denke dabei nämlich immer nur an das, was ich machen muß. In Wirklichkeit muß ich aber an das denken, was ich mir innerlich für die Szene als Bild bereitgelegt habe – ein Bild, das mich zum Lachen bringt. Ich warte also auf diese innere Vorstellung, dieses Objekt, diesen Reiz, der in mir das Lachen bewirkt.

Man setzt also seine persönliche Erinnerung für die Szene ein, während man einen anderen Text sagt. Ihr innerer Film läuft weiter. Gleichzeitig bereichern Sie die Szene noch mit Ihrer eigenen Phantasie, so kommt Ihr persönlicher Ausdruck zustande. Es ist Ihre persönliche Erinnerung, Ihr Körper, Ihre Phantasie, Ihr Ausdruck, der eine Szene bereichert.

Nach einiger Übung kann der Schauspieler nahezu jedes Gefühl wiedererleben, wenn er es sich selbst befiehlt. Er hat in sich neue Reflexe geschaffen (wie bei der klassischen Konditionierung nach Pawlow). Er kann dann sogar Gefühle mischen, indem er körperlich etwas Heiteres spielt und innerlich in sich Leiden erschafft.

Übung: Versuchen Sie jeden Abend vor dem Einschlafen, sich an eine *herausragende Empfindung* des Tages zu erinnern. Denken Sie dabei nicht an Ihre Reaktion, sondern an das Objekt, das Ihre Reaktion ausgelöst hat. Wie waren die Sinneseindrücke, die das Gefühl auslösten?

Wenn wir auf unsere Reaktion achten, beginnen wir, nur nachzuahmen. Wenn wir aber auf das Objekt oder den Reiz achten, der unser Gefühl ausgelöst hat, beginnen wir wiederzuerleben. Versuchen Sie einfach, sich an alle „sensorischen Phänomene" zu erinnern, das heißt, an die Dinge, die geschahen, wie sie aussahen, wie sie sich anhörten, anfühlten, schmeckten usw.

Beim emotionalen Gedächtnis handelt es sich um ein Wiedererwecken von Erinnerungen und somit von Gefühlen. Dieser Vorgang des Erinnerns wird bei jeder Vorstellung, bei jeder Probe wieder herbeigeführt. Es geht nicht darum, nur an das Ereignis zu denken, sondern es auf diese Weise *noch einmal zu durchleben.*

Das Gewicht liegt dabei auf den Objekten, die in der Erinnerung vorkommen. Später kann der Schauspieler dadurch eine neue Konditionierung schaffen. Das heißt, sobald er an die Emotion denkt, taucht sie sofort auf. In den ersten Jahren ist es jedoch notwendig, jedesmal die Erinnerung neu zu durchleben. Und zwar so, daß beim Stichwort, das die Emotion auslösen soll, das Gefühl da ist. Der Schauspiellehrer Lee Strasberg schlägt vor, eine Minute vor dem Stichwort damit anzufangen. Aber wie soll ich in der Szene davor noch gleichzeitig meinen Text abliefern? Der Schauspieler arbeitet immer auf mehreren Ebenen seines Seins. Eine Ebene davon ist das emotionale Gedächtnis, andere Ebenen sind sein Text, sein Partner, seine Positionen, seine Requisiten usw. Mehr dazu im Kapitel „Die Atmung“ unter „Der Party-Effekt“.

Viele Schauspieler merken, daß Sie für ein und dieselbe Emotion nicht immer das gleiche Erlebnis nehmen können. Es ist, als ob das Gefühl dann abstumpfen würde. Sie müssen daher immer wieder neue Erlebnisse verwenden.

4. Mit dem Körper fühlen

Eine große Hilfe für das emotionale Gedächtnis ist unser *Körper.* Wo in Ihrem Körper spüren Sie Ihr Gefühl am stärksten? Nehmen wir wieder das Gefühl des Verlassenseins – merken Sie sich dabei den körperlichen Schmerz. Körperliche Schmerzen sind leichter wiederzuempfinden als emotionale Schmerzen und deshalb einfacher auf der Bühne herzustellen.

Von den psychosomatischen Krankheiten wissen wir, daß sich emotionale Ereignisse körperlich ausdrücken. Sie können für starke emotionale Szenen einen körperlichen Schmerz nehmen, den Sie sehr gut kennen, z. B. Magenschmerzen.

Übung: Stellen Sie sich vor, Sie erhalten gerade die Nachricht, daß Ihre Frau nach einem Autounfall im Krankenhaus liegt. Soeben haben Sie es per Telefon erfahren. In diesem Moment spüren Sie einen starken Schmerz in der Magengegend. Versuchen Sie nun nicht, das Gefühl dieser Szene (Autounfall) zu spielen, sondern nur den körperlichen Schmerz. Empfinden Sie wirklich einen Stich, das Unwohlsein im Magen und die daraus folgende Unbeweglichkeit. Vor Schmerz können Sie nicht einfach aufspringen und herumgehen. Jede Bewegung fällt Ihnen schwer. Konzentrieren Sie sich nur auf den Ihnen bekannten Schmerz. Bei dieser Übung werden Sie feststellen, daß sich Gefühle über den Körper leichter ausdrücken lassen.

Nehmen wir an, Sie müssen auf der Bühne mit einer Pistole Selbstmord begehen. Mit Selbstmord haben Sie keine Erfahrung. Also ist im Moment nicht der Selbstmord das Wichtigste, sondern der Schmerz, wenn die Kugel in den Kopf eindringt. Was stellen Sie sich vor?

Nun finde ich eine *Ersatzrealität,* einen körperlichen Schmerz, den ich kenne. Ich denke z. B. an die eiskalte Dusche, die ich jeden Morgen nehme. Diese Erfahrung, diese Realität, stelle ich mir vor. Ich stelle mir vor, daß die Pistole jetzt der Brausekopf der Dusche ist und daß die eiskalte Dusche nun jeden Moment losgehen könnte. Darauf konzentriere ich mich. Ich nutze so *meine eigene Erfahrung, meine eigene Realität* und versuche sie ganz stark herzustellen.

Es gibt ein großes Mißverständnis in der Schauspielkunst. Der Schauspieler glaubt, er muß das gleiche Erlebnis haben wie die Figur. Aber in Wirklichkeit muß er nur ein Erlebnis haben, indem er ein ähnliches Gefühl erzeugen kann, ganz konkret. Das ist dann der persönliche Ausdruck des Schauspielers.

Übung: Stellen Sie sich vor, Sie spielen „Romeo und Julia" und nehmen Gift. Spielen Sie die Szene durch. Der Versuch, dies zu tun, endet gewöhnlich in ein paar vagen Grimassen und aufgesetzten Verrenkungen. Nun versuchen Sie dies: Stellen Sie sich vor, Sie trinken Zitronensaft. Spüren Sie ganz genau den Geschmack und was dieses Getränk in Ihnen auslöst. Aber ziehen sie keine Grimasse. Dazu stellen Sie sich nun einen ganz bestimmten, Ihnen bekannten Schmerz vor. Am einfachsten funktioniert es mit Zahnschmerzen. Wenn Sie nun diese beiden Übungen nebeneinander ausgeführt haben, wird sich eine sehr reale Szene ergeben, in der jemand eine giftige Substanz einnimmt. In diesem Fall haben Sie einen Ihnen bekannten Schmerz (Zitronensaft und Zahnschmerz) verwendet, um einen Ihnen unbekannten Zustand darzustellen.

ZUSAMMENFASSUNG

1. Die Umstände beachten

- Nicht der Text bestimmt eine Szene, sondern die Situation, die gegebenen Umstände.
- „Gegebene Umstände" – das ist die Situation, die stattfand, bevor die Szene auf der Bühne einsetzt.
- Aus meinem Erleben auf der Bühne spreche ich den Text.

- Wir improvisieren, um die innere Logik einer Szene zu finden.
- Versuchen Sie, wahrhaftig an die vorgeschlagene Situation und Ihre Handlung zu glauben und nicht schon das Gefühl dazu herzustellen. Das Gefühl wird ganz von selbst nachfolgen.
- Welche Umstände könnten mich dazu veranlassen, mich so zu verhalten wie die Rolle?
- Motivieren und rechtfertigen Sie Ihre *kleinen einfachen Handlungen* auf der Bühne!
- Was muß geschehen sein, um die Handlung für mich spielbar zu machen?
- Nur wenn ich mir selbst und meinen Handlungen *glauben* kann, wird mir das Publikum glauben.

2. Wie finde ich die richtigen Handlungen?

- Was will ich? („Ich will..., um...")
- Wie sind die gegebenen Umstände?
- Was würde ich unter den gegebenen Umständen tun?

So finde ich zur Handlung. Ich definiere meine Aufgabe.

3. Das emotionale Gedächtnis

- Wie funktionieren meine Gefühle ?
- Die Konzentration des Schauspielers gilt dem Objekt und nicht der Sorge darüber, wie er sein Gefühl ausdrücken soll.
- Schauspielen ist die Fähigkeit, auf imaginäre Reize zu reagieren.
- das schöpferische „Wenn"
- Wie würde ich mich verhalten, wenn ich mich in dieser Situation befände?
- Dieses „Wenn" ist unser Umschalthebel, der uns in die Welt der Figur versetzt. Wie würden Sie empfinden, reagieren, wenn...?

PRAKTISCHE ARBEITSSCHRITTE FÜR EINE ROLLE

Hier ein paar Anregungen, wie man an eine Rolle herangehen kann. Das bedeutet aber nicht, daß man jedesmal alles Punkt für Punkt durchgehen muß! Aber gerade für einen Anfänger ist es sehr hilfreich, sich an dieses Gerüst zu halten. Später werden Sie viele Punkte ganz automatisch beachten, ohne sie noch extra durchgehen zu müssen.

Wie sind die gegebenen Umstände?

Die Annäherung an die Rolle beginnt mit den vier W-Fragen:

1. Wer ist die Figur?
2. Wo befindet sich die Figur? (Ort)
3. Was macht die Figur dort? (Handlungsabsicht)
4. Was ist passiert, bevor die Figur dorthin kam? (gegebene Umstände)

Durch die *gegebenen Umstände* erfahre ich auch, welche Einstellungen ich gegenüber den anderen Figuren auf der Bühne habe und wie sie sich entwickeln.
Definieren Sie die Umstände, in denen sich die Figur befindet :

Wer?
Was ?
Wann?
Wo?
Wie?
Warum/Wozu?

Übung: Erzählen Sie die Szene in eigenen Worten, nicht still für sich, sondern einem Partner.

Übung: Improvisieren Sie die Szene davor und danach. Was hat vor dieser Szene stattgefunden?

Bestimmen Sie die Aufgabe, das Ziel der Figur

Benennen Sie die Handlung einer Figur in der Szene mit einem Verb: „Ich will..., um...". So bekommt die Figur, die Rolle ein Ziel.

Dieses Ziel wird mich zu den Handlungen auf der Bühne führen – zu dem, was ich auf der Bühne tue. Auf der Bühne muß man handeln – innerlich und/oder äußerlich. Man darf nicht allgemein handeln, sondern das Handeln wird begründet durch die konkrete Aufgabe (das Ziel).

Wie würde ich mich unter den gegebenen Umständen verhalten ?

Improvisieren Sie das Verhalten unter den gegeben Umständen. Lassen Sie sich nicht einengen durch die vorgeschriebene Szene. Fragen Sie sich: Was würde ich unter diesen Umständen tun, um mein Ziel zu erreichen?

Welche Umstände müsste ich hinzufügen, um mich so wie die Figur verhalten zu können?

Finden Sie Situationen, in denen Sie sich so wie die Figur verhalten würden. Rechtfertigen Sie jede einzelne Handlung und Haltung. So können Sie an das glauben, was Sie auf der Bühne sagen und tun.

Wir suchen in der Rolle verwandte Gefühle, Erlebnisse und Elemente, um uns so dieser Figur anzunähern. Damit erschaffen wir das geistige Leben der Rolle. Man muß die Rolle erleben, d. h. ihre Gefühle empfinden, jedes Mal und bei jeder Wiederholung. Um eine Rolle zu verkörpern, dienen unsere eigenen Gefühle als Arbeitsmaterial.

Übung: Situation verschärfen

Gerade bei komischen Szenen hilft es sehr oft, die vorgeschlagene Situation im Stück zu verschärfen – sich also z. B. nicht wie eine normale, einsame Frau zu verhalten, sondern wie eine Wahnsinnige. Aber auch in tragischen Situationen hilft es dem Schauspieler sehr oft, sich etwas noch Stärkeres vorzustellen, als im Stück vorgeschlagen wird. Dazu siehe die Übung im Kapitel „Konzentration und Spannungsaufbau auf der Bühne" („Wach sein").

Welche Grundeigenschaft bestimmt die Figur?

Was ist die Haupteigenschaft der Figur? Wie drückt sich diese aus, auch körperlich? Es ist wichtig, daß Sie eine Eigenschaft auswählen, die die Figur bestimmt. Alles weitere ist ein Sicheinstellen auf die Bühnenpartner.

Eine der wichtigsten Fragen, die sich der Schauspieler stellt, lautet:

Was ist der Unterschied zwischen dem Charakter meiner Rolle und mir?

Wenn ich mir diese Frage stelle, werde ich die Hauptmerkmale meiner Rolle aufspüren und aufhören, mich ständig selbst zu porträtieren.

1. Wie kann ich bestimmte Eigenschaften darstellen?

Improvisationsübung: um individuelle Gefühle darzustellen:

Wählen Sie eine einfache Handlung aus, und füllen Sie diese Bewegung mit einer von Ihnen ausgewählten Eigenschaft. Benützen Sie einfache Bewegungen, die Sie auf der Bühne durchführen müssen, um Gefühle darzustellen. z. B. aufstehen, sich anziehen, eine Tür öffnen usw...

Erfüllen Sie diese Bewegungen mit verschiedenen Eigenschaften: Stolz, Sicherheit, Erregung, Sorge, Schüchternheit, Zärtlichkeit, Verlegenheit, Unsicherheit, mit einer Behinderung. Wiederholen Sie diese Bewegungen, bis die gewählte Empfindung Ihren Körper erfüllt und die entsprechenden Gefühle weckt.

Um die Gefühle indirekt auszulösen, können wir unsere Handlungen, unsere Bewegungen mit einer ganz bestimmten Eigenschaft färben. Nehmen wir als Beispiel „Vorsicht". Wir führen dann alle Handlungen mit Vorsicht aus. Wir öffnen die Türe vorsichtig. Wir lesen vorsichtig die Zeitung. Wir diskutieren vorsichtig mit unserem Partner. Dadurch erhält die Handlung einen seelischen Inhalt. Die vorsichtig ausgeführte Handlung erhält einen psychologischen Charakter. Dadurch werden in uns die entsprechenden Gefühle erzeugt.

Wir benutzen also die Bewegung, die Handlung, um sie mit einem Gefühl zu unterlegen. Während der Proben führen wir diese Handlungen so lange aus, bis sich das Gefühl dazu von selbst einstellt.

Improvisationsübung: Gefühle in Handlungen darstellen

Nehmen Sie dazu eine einfache Situation, z. B. Käufer und Verkäufer oder Gastgeber und Gast, Familientreffen am Sonntag usw... Jetzt färben Sie Ihre Bewegungen mit einem bestimmten Gefühl.

Eine gute Möglichkeit, um meine Eigenschaften darzustellen, ist, ein körperliches Gefühl zu nutzen. Wenn ich z. B. einen schüchternen Menschen darstelle, stelle ich mir vor, daß ich halb nackt auf der Bühne stehen würde. Das Gefühl der Unsicherheit, Verlegenheit und Peinlichkeit, das dadurch entsteht, läßt mich als einen scheuen Menschen erscheinen.

2. Wie finde ich den wesentlichen Bestandteil einer Rolle?

Den wesentlichen Bestandteil einer Rolle finde ich, indem ich mich frage: „*Was müßte mir zustoßen, damit ich würde wie z. B. Romeo?*" Wir sagen nicht einfach. „Ich bin Romeo", sondern wir versuchen mit dieser Frage die *Grundessenz* dieser Figur zu finden. Ich muß einen Wesenszug der Figur finden, einen glaubhaften Kern, den ich akzeptieren kann. Ich beginne also mit der Wirklichkeit, die mir zugänglich ist. Dann teilen wir die Entwicklung der Figur in *verschiedene Abschnitte* ein.

Einmal mußte ich z. B. einen König spielen. Damit konnte ich nicht viel anfangen. Was ist ein König? Da kam ich auf die Idee, mir einen Opernsänger, einen richtigen Star so wie Pavarotti vorzustellen. Ich sah mir im Fernsehen eine Oper mit ihm an, las Zeitungsberichte über ihn usw. Plötzlich konnte ich mich wie ein König bewegen und auftreten und so einen König darstellen. Ich hatte Freude daran, diesen König darzustellen. Freude ist sehr wichtig, um eine Rolle überhaupt spielen zu können. Später distanzierte ich mich wieder etwas von dem Pavarotti-Bild. Aber ich fand zuerst einmal eine Wirklichkeit, die mir zugänglich war. Darauf konnte ich aufbauen...

Die körperliche Geste

Nachdem wir alle diese Fragen beantwortet haben, kann es sein, daß wir uns zu sehr auf unseren analytischen Verstand stützen und dadurch um so weniger im Stande sind, die Rolle wirklich zu verkörpern. *Verlieren Sie nicht Ihre Leichtigkeit durch falsch verstandene Intellektualität.* Um eine Rolle empfinden zu können, gibt es das Hilfsmittel der *körperlichen Geste.*

Sie soll mein Inneres aktivieren und den künstlerischen Schaffensprozeß vorbereiten.

Zuerst frage ich mich: Was ist das Hauptziel meiner Rolle? Dann suchen wir vorsichtig nach einer körperlichen Geste, nach einem körperlichen Ausdruck für dieses Ziel. Zuerst suchen wir nur mit der Hand, dann mit dem ganzen Arm. Vielleicht strecken Sie Ihn aggressiv nach vorne, ballen die Faust, als ob Sie mit einem unsichtbaren Feind kämpfen würden, vielleicht tasten Sie nur langsam und zaghaft nach oben, vielleicht halten Sie Ihre offenen Handflächen nach oben, um etwas zu empfangen usw...

Wenn Sie dann den Ausdruck in der Hand gefunden haben, dehnen Sie die körperliche Geste über den ganzen Körper aus: von der Hand über die Schultern und dann über den ganzen Körper. Sie finden so eine ganzkörperliche Haltung, die am ehesten der Figur entspricht.

Diese Geste ist nicht dazu gedacht, sie jemals auf der Bühne zu zeigen. Sie soll nur meinen Zugang zur Rolle erleichtern. Sie ist sozusagen die *Ausgangsstellung,* die ich hinter der Bühne einnehme, bevor ich zu meiner Szene komme.

Sprechen Sie zusätzlich zu Ihrer Geste einen entsprechenden Satz aus, der das Ziel Ihrer Figur unterstreicht, z. B. „Ich wünsche es, allein gelassen zu werden".

Den Körper der Rolle anziehen

Fragen Sie sich dann weiter: Wie sieht ein Mensch mit diesen Eigenschaften aus? Wie kann ich jemals so aussehen? Wie kann ich sozusagen in einen anderen Körper schlüpfen?

Dies geschieht folgendermaßen: Stellen Sie sich vor, daß in Ihnen und um Sie herum, sozusagen im selben Raum, den Ihr Körper einnimmt, ein anderer, imaginärer Körper existiert. Und nun ziehen Sie diesen Körper an als wäre er ein Gewand. Ich bekleide mich sozusagen mit einem fremden Körper. Nach einer Weile fühle und denke ich, als wäre ich jene andere Person.

Jeder von uns kennt das: Wir fühlen uns mit verschiedenen Kleidern sehr unterschiedlich. Ebenso können wir auch verschiedene Körper anziehen.

Eine Fortführung dieser Übung ist, sich zu bewegen und *sich vorzustellen, daß das Kostüm meine Körperoberfläche sei.* Sich dies vorzustellen, bewirkt bei den meisten eine starke Veränderung des Körperbewußtseins.

„Tier-Übung" als Hilfe zur Rollengestaltung:

Welches Tier könnten Sie in dieser Figur spielen? Dabei ist es wichtig, typische Element des jeweiligen Tieres herauszugreifen, das wir verkörpern wollen. Wir dürfen jedoch nicht nur bei den körperlichen Äußerungen suchen, sondern müssen nach den Ursachen für dieses Verhalten fragen – nach dem Gefühl des Tieres. Wir versuchen also, ausgehend von äußerlichen Anzeichen, den inneren Impuls zu entdecken.

Die „Tier-Übung" kann ein Schlüssel für die Figurendarstellung sein. Diese Übung hilft vor allem Menschen, die sehr subjektiv sind und nur „fühlen" wollen. Diese Übung läßt Sie aus sich herauskommen und neue Wege finden. Sie hilft dem Schauspieler, *den Unterschied zwischen sich und der von ihm verkörperten Rolle zu erkennen.* Ziel ist es, einen Menschen, mit „Tiereigenschaften" zu erschaffen. Die Übung hilft dem Schauspieler, einen bestimmten Menschentypus hervorzubringen, der er selbst nicht ist.

Sie stellen sich dabei einfach ein Tier vor, daß zu Ihrer Figur passen könnte. Wie bewegt sich dieses Tier? Was geht in ihm vor? Wie blickt es? Ein Hund hat andere Augen als eine Schlange... Wie reagiert es? Während Sie proben und spielen, stellen Sie sich vor, daß Sie sich im Körper dieses Tieres bewegen.

Monologe

Übung: mit vorgestelltem Partner:

Sprechen Sie so, als ob Sie direkt eine Person ansprechen würden, vielleicht ihre beste Freundin. Erklären Sie, was mit Ihnen los ist. Erweitern Sie den Text durch eigene Gedanken. Erklären Sie Ihre Gedanken.

1. Der „private Moment"

Diese Übung soll dazu dienen, zwar in der Öffentlichkeit, vor Publikum zu stehen, aber trotzdem privat zu sein. Das heißt, daß es so aussehen muß, als sei man alleine.

Was genau ist ein „privater Moment"? Es handelt sich um einen *Moment, in dem ich alleine mit etwas beschäftigt bin, mit dem ich aber sofort, sobald ich hören würde, daß eine Türe geöffnet würde, innehalten würde.* Mit anderen Worten: Gemeint ist nicht nur ein Moment, in dem man alleine ist, sondern in dem man privat ist. Ein Moment, in dem man Dinge tut oder denkt, die man in Anwesenheit anderer nicht tun würde.

Ein privater Moment wird nicht durch das charakterisiert, was geschieht, sondern durch das *spezifische Gefühl von Privatheit.* Für den Beobachter scheint ein privater Moment gar nichts Privates an sich zu haben. Nicht das Handeln an sich ist privat, es ist vielmehr seine Bedeutung für den einzelnen, der es zu etwas Privatem macht.

Diese Übung ist sehr wichtig für Monologe. Ein Monolog ist ja nichts anderes als ein Selbstgespräch. Der Schauspieler ist alleine gelassen und spricht mit sich selbst. Die Übung zum privaten Moment ist, daß Sie eine Situation durchspielen, in der Sie auf der Bühne alleine sind und gewisse Dinge tun oder denken, die Sie nur tun würden, wenn Sie alleine sind. Dabei lernen Sie, sich nicht auf den Druck des Publikums zu konzentrieren, sondern auf Ihr privates Verhalten. So können Sie dies auch später in Ihren Monologen einbauen.

Diese Übung ist dazu geeignet, eine gewisse Furcht vor dem Publikum zu überwinden und die Konzentration zu stärken. Wir finden dabei die Konzentration, die nötig ist, um allein auf der Bühne zu sein, ohne sich dabei um das Publikum zu sorgen. Für den „privaten Moment" nehmen wir Gegenstände zur Hilfe, die nur für denjenigen, der die Übung macht, eine private Bedeutung haben. Wir tun das, um den Einstieg in die Übung zu erleichtern und um das Gefühl zu erzeugen, daß der Schauspieler mit sich alleine ist. Der private Moment ist ein guter Einstieg in einen Monolog. Sehr viele Leute sprechen ja auch, wenn sie mit sich alleine sind, oder sie stellen sich vor, mit anderen Leuten zu sprechen, obwohl niemand da ist. Und genau diese Situation finden wir in einem Monolog vor.

Ziel der Übung des „privaten Moment" ist es, sich von dem Druck, der vom Publikum ausgeht, zu befreien.

2. Imagination

Übung: Ich stelle mir die Szene als Spielfilm vor und sehe, wie meine Figur darin handelt, sich bewegt, wie sie spricht. Die Aufgabe dabei ist, daß ich mir die Szene so vorstelle, wie ich sie am liebsten in einem Film sehen würde. Ich stelle mir dies so lange vor, bis mich der Film, den ich vor mir sehe, befriedigt. Das hat den Vorteil, daß man vom trockenen Überlegen, von der Gedankenarbeit wegkommt und die Szene als Vision vor sich sieht.

Oft ist es so: Je mehr man seinen analytischen Verstand verwendet, desto mehr verschwinden die Bilder, die wiederum Gefühle entstehen lassen. Das soll durch diese Übung verhindert werden.

Man kann den Film auch aktivieren, indem man der Figur im Film Fragen stellt, z. B. „Zeige mir, wie du aus den Auto steigen würdest...", indem man ganz konkrete Fragen stellt und sich dann den Film dazu vorstellt.

Durch dieses „sich hingeben" an eigene Vorstellungsbilder werden die Empfindungen und die Impulse für die Verkörperung geweckt. So trage ich mit meinen Visionen, mit meinen Vorstellungsbildern zum geschriebenen Werk bei. Ich selbst werde dabei zum Schöpfer und finde so zu meiner persönlichen Interpretation der Rolle. Der Autor schreibt ja nur das Was vor. Wie der Schauspieler die vorgegebene Handlung ausführt, wie er die Worte und Gefühle der Rollen ausdrückt, bleibt ihm überlassen.

Der Text kommt später

Warum soll bei der Arbeit an Szenen nicht mit dem Lernen des Textes begonnen werden?

Wenn wir mit dem Text beginnen, lassen wir uns sehr schnell einfangen und einengen von dem, was der Text vorschreibt. Ich lege also vorerst den Text weg, damit ich im Probenprozeß mich selbst sowie meinen Partner wirklich erleben kann. Vor allem erschaffe ich die gegebenen Umstände selbst und komme dann erst auf den Text zurück.

Eine gute Frage, nachdem ich auf der Bühne gespielt habe, ist: *Habe ich auf der Bühne wirklich etwas erlebt?* Habe ich eine Erfahrung gemacht? Fühle ich tatsächlich auf der Bühne? Das führt den Schauspieler dazu, authentisch zu sein, etwas zu erschaffen. Es geht dabei um den *Prozeß,* nicht um das *Produkt.* Es geht darum, *nicht zu kopieren,* zu imitieren, was er am letzten Abend gespielt hat, sondern zu *erleben.*

Der richtige Umgang mit den Requisiten

So wie jeder Mensch einen Lieblingsgegenstand hat, den er vielleicht immer bei sich trägt, so suchen wir auch für unsere Rolle ein sogenanntes *persönliches Requisit.*

Im Umgang mit den Requisiten ist es wichtig, daß wir wirklich einen Bezug zu ihnen haben und daß jedes Ding für uns eine eigene Geschichte besitzt.

Wenn es darum geht, ein Gefühl auszudrücken, können unsere Requisiten sehr helfen. Stellen Sie sich z. B. vor, Sie müssen jemanden anrufen, mit dem Sie überhaupt nicht gerne telefonieren. Sie nehmen das Telefon in die Hand, aber behandeln es als etwas anderes. D. h., Sie stellen sich vor, das Telefon sei z. B. eine heiße Herdplatte. Und dementsprechend greifen Sie es an und gehen damit um. So kann ein anderer Umgang mit dem Requisit ein bestimmtes Gefühl ausdrücken.

Handeln, „als ob"

Was ist damit gemeint? Es geht um Dinge, deren Darstellung mir Schwierigkeiten bereiten. Nehmen wir z. B. an, ich muß aus dem Fenster schauen und ein brennendes Feuer sehen. Nun ist es nicht wichtig, daß ich auf der Bühne tatsächlich ein Feuer sehe, denn es ist ja gar keines vorhanden. Entscheidend ist, daß ich etwas ansehe, einen ganz konkreten Punkt, und nun *so handle, „als ob"* vor meinem Fenster Feuer wäre.

Dabei geht es nicht darum, sich zu verstellen, sondern an dieses „als ob" *zu glauben.* Es ist also nicht wichtig, das konkrete Objekt wirklich zu sehen, sondern es kommt darauf an, tatsächlich etwas anzusehen und dann so zu handeln, als ob.

Den Text erlernen

Wie merke ich mir neue Gedanken und Informationen? Jeder *neue* Gedanke bahnt sich quasi einen „Trampelpfad" durch das Dickicht Ihrer Nervenzellen. Wird dieser Gedanke öfter gedacht und vor allem *ausgesprochen,* dann wird der Trampelpfad ein „ausgetretener Weg". Wird dieser Weg *regelmäßig* benutzt, dann „baut" das Gehirn eine richtige „Straße" (bevorzugte Nervenbahn).

Die Straße wird mit Bildern gepflastert.

Koppeln Sie Neues mit Altem.

Um einen Text, eine Information aktiv weitergeben zu können, müssen wir unser Training so anlegen, daß wir den Text, die neue Information mehrmals formulieren, allein oder mit Partner (beim Text-Lernen mindestens 30 bis 40 mal).

Der Unterschied zwischen einem Nachdenken über ein Stichwort oder ein Thema und einem mentalen Vortrag besteht darin, daß Sie sich beim Mental-Training dic Aktion mit allen Details (Bildern) vorstellen.

ZUSAMMENFASSUNG

Arbeitsplan für eine Rolle:

1. Wie sind die gegebenen Umstände?

- Die Annäherung an die Rolle beginnt mit vier Fragen:

  1. Wer ist die Figur?
  2. Wo befindet sich die Figur? (Ort)
  3. Was macht die Figur dort? (Handlungsabsicht)
  4. Was ist passiert, bevor die Figur dorthin kam? (gegebene Umstände)

- Durch die gegebenen Umstände erfahre ich auch, welche Einstellungen ich gegenüber den anderen Figuren auf der Bühne habe und wie sie sich entwickeln.
- Definieren Sie die Umstände, in denen sich die Figur befindet:
  Wer – Was – Wann – Wo – Warum/Wozu – Wie
- Erzählen Sie die Szene in eigenen Worten.
- Improvisieren Sie die Szene davor und danach.

2. Bestimmen Sie die Aufgabe, das Ziel der Figur

- Benennen Sie die Szene mit einem Verb: „Ich will..., um...".
- Dieses Ziel wird Sie zu den Handlungen auf der Bühne führen – was Sie auf der Bühne tun.
- Auf der Bühne muß man handeln – innerlich und äußerlich. Man darf nicht allgemein handeln, sondern das Handeln wird durch die Aufgabe begründet.

3. Wie würde ich mich unter den gegebenen Umständen verhalten ?

- Improvisieren Sie Ihr Verhalten unter den gegebenen Umständen.
- Lassen Sie sich nicht durch die vorgeschriebenen Szene einengen.
- Fragen Sie sich, was Sie unter diesen Umständen tun würden, um Ihr Ziel zu erreichen.

4. Welche Umstände müßte ich hinzufügen, um mich so wie die Figur verhalten zu können?

- Um eine Rolle zu verkörpern, dienen unsere eigenen Gefühle als Arbeitsmaterial.
- Situation verschärfen

5. Welche Grundeigenschaft bestimmt die Figur ?

- Was ist der Unterschied zwischen dem Charakter meiner Rolle und mir?
- Wie kann ich bestimmte Eigenschaften darstellen?
- Improvisationsübung: Gefühle in Handlungen darstellen
  Färben Sie Ihre Bewegungen mit einem bestimmten Gefühl
  Ein körperliches Gefühl nutzen
  Die körperliche Geste
  Den Körper der Rolle anziehen
- Privater Moment
- Imagination – die Figur in einem Film sehen
- Der Autor schreibt das *„Was"* vor. *Wie* der Schauspieler die vorgegebene Handlung ausführt, *wie* er die Worte und Gefühle der Rollen ausdrückt, das bleibt ihm überlassen.
- Wenn wir mit dem Text beginnen...
- Requisiten
- Handeln, „als ob"

KONZENTRATION UND SPANNUNGSAUFBAU AUF DER BÜHNE

Entspannung

Kaum stehen wir auf der Bühne, scheint es, als verschlucke uns das schwarze Loch – der Zuschauerraum. Wir können uns oft kaum mehr auf die Rolle, auf das Stück konzentrieren. Vor allem bei Premieren scheint es, als ob alle unsere Konzentration auf dem Kritiker in der ersten Reihe läge. Wahrhaftiges Schauspiel kann nur dann geschehen, wenn wir lernen, uns auf *unserer Aufgabe* zu konzentrieren.

Im Kapitel „Entspannung und Aktivierung der Körpers" haben wir davon gesprochen, daß die Voraussetzung zur richtigen Konzentration die Entspannung ist. Sind Entspannung und Konzentration nicht aber etwas Gegensätzliches? Tatsächlich ist es so, daß erst durch die Entspannung die wahren Kräfte des Schauspielers ohne unnötige Anspannung freigesetzt werden. Alles, was sich entspannt ereignet, geschieht ausdrucksstärker.

Reize

Wenn man sich konzentrieren will, braucht man einen Gegenstand, ein Objekt, auf das man sich konzentriert. Man kann sich nicht abstrakt konzentrieren. Wenn man einen Stuhl sieht und sich zu konzentrieren versucht, geschieht nichts. Wenn man sich jedoch einfache Fragen stellt, wie z.B.: Woher kommt dieser Stuhl? Wie lange steht der schon da? Ist das Lärchenholz oder Fichte?, so kommt eine einfache Konzentration zustande.

Das Geheimnis ist ganz einfach: Um den Zuschauerraum zu vergessen, muß man sich für das interessieren, was auf der Bühne vorgeht. *Der Schauspieler braucht ein Objekt für seine Aufmerksamkeit,* nicht im Zuschauerraum, sondern *auf der Bühne.* Und je interessanter dieses Objekt ist, um so größer ist seine Konzentration.

Nehmen wir an, Sie sollen einen Schmerz darstellen. Der Schmerz, den Sie sich aussuchen, sollte kein allgemeiner sein, der den gesamten Körper betrifft, er sollte vielmehr in einem ganz bestimmten Bereich angesiedelt sein, so daß die Konzentration weiß, wohin sie sich richten soll. So könnte das Objekt unserer Konzentration z. B. ein Zahnschmerz sein.

Einen Großteil unserer Konzentration brauchen wir, um auf *Reize* zu reagieren, die *nicht vorhanden* sind.

Wenn ich entspannt bin, können die Befehle, die ich mir selbst gebe, mit meinem Körper ausgedrückt werden. Anders gesagt: Wenn ich entspannt bin, kann ich auf den Reiz, den ich mir selbst gebe, reagieren.

Meine Konzentration gilt den Objekten oder meinem Partner, nicht meiner Reaktion darauf.

Nehmen wir z. B. an, ich muß Angst spielen. Ich konzentriere mich auf ein Objekt, das in mir Angst erzeugt, und nicht auf meine Angst. Der Schauspieler ist also damit beschäftigt, auf die Ursache zu reagieren und nicht ein Ergebnis zu produzieren.

Wir schulen unseren Willen und unsere Konzentration, um uns auf ein ganz bestimmtes Objekt zu konzentrieren. Wie wir gesehen haben, erzeugen wir Emotionen auf der Bühne, indem wir uns auf einen Reiz oder ein Objekt konzentrieren, das in uns ein bestimmtes Gefühl erzeugt.

Meine Konzentration liegt auf meinem Ziel, auf meiner Aufgabe: „Ich will..., um...". Es ist notwendig, daß die Aufgabe gefällt, daß sie anregt, daß sie der Schauspieler gerne ausführen möchte. Was wir auf der Bühne tun, soll mit Hingabe geschehen.

Schritt für Schritt

Bevor er auf die Bühne geht, vielleicht beim Schminken, denkt der Schauspieler nur an den Abschnitt, der jetzt vor ihm liegt, und an seine Aufgabe. Hat er den ersten Abschnitt gespielt, konzentriert er sich auf die nächste Aufgabe usw.

Ziel ist es, uns von der Sorge um das, was wir auf der Bühne tun, abzubringen und *uns zu unseren Aufgaben hinzuführen.* Deshalb ist es wichtig, daß die Rolle übersichtlich und klar in Abschnitte gegliedert ist. Die Abschnitte ergeben sich aus der jeweiligen Aufgabe bzw. aus dem jeweiligen Ziel, das die Figur hat.

Die Überaufgabe

Neben dem Ziel für die jeweilige Szene hat jede Figur auch eine „Überaufgabe". Eine Überaufgabe ist eine Aufgabe, die das ganze Leben einer Figur bestimmt, z. B. „Ich will Macht, um das Leben zu genießen" oder: „Ich will Karriere machen" oder „Ich möchte Gott finden". Wie im wirklichen Leben die Menschen ihre Lebensziele haben, so muß ich auch das Lebensziel einer Figur bestimmen. Dieses Ziel wird sich wie ein roter Faden durch das gesamte Stück ziehen. Ich konzentriere mich also auch auf meine Überaufgabe.

Nehmen wir an, Sie spielen eine Figur, die als Überaufgabe hat: „Ich will mit allen Menschen gut auskommen". So wird jede Szene indirekt von diesem Lebensziel bestimmt sein. *Jede Überaufgabe, die unsere Antriebskräfte als Schauspieler wecken kann, brauchen wir wie das tägliche Brot.* Während der ganzen Vorstellung soll der Schauspieler von ihr erfüllt sein. Sie soll ihm helfen, mit wacher Aufmerksamkeit im Lebensbereich der Rolle zu bleiben. Deshalb ist es eine wesentliche Aufgabe des Schauspielers, die Überaufgabe stets im Auge zu behalten.

Gefühl für Wahrhaftigkeit

Das Gefühl der Wahrhaftigkeit ergibt sich vor allem aus unseren Handlungen, die wir auf der Bühne ausführen. *Glauben* Sie restlos an Ihre Aufgabe und Ihre Handlungen, auch wenn sie noch so klein sind. Wenn Sie auf die Bühne gehen, denken Sie lediglich an Ihr Ziel („Ich will..., um..."). Dann handeln Sie, um zu diesem Ziel zu gelangen. Kümmern Sie sich also nur darum, *daß Sie Ihre Handlung wirklich ausführen, die Sie zu Ihrem Ziel hinführt.*

Alles, was wir auf der Bühne tun, sollte uns als notwendig erscheinen. Es ist schwer, etwas zu tun, bei dem keine ausgesprochene Notwendigkeit besteht. In solchen Fällen handelt man nur „allgemein". Um das zu vermeiden, muß man das Handeln begründen. Wir sind dabei auf der Bühne aktiv und kopieren nicht nur eine Handlung.

Ein Fehler der meisten Schauspieler liegt darin, daß sie nicht an das Handeln, sondern lediglich an das Resultat (meistens das erwünschte Gefühl) denken. Sie lassen die eigentliche

Handlung außer acht und sind geradewegs auf das Resultat aus. Damit werden die Resultate überbetont, etwas Gewaltsames entsteht. Wenn wir unser Verhalten begründen, entwickeln wir allmählich ein Empfindungsvermögen für das, was wahr ist. Wenn sich der Schauspieler dabei nur auf Urteile von außen stützt und davon abhängig bleibt, wird er unsicher und seine Spontanität verlieren.

Wir konzentrieren uns nicht vorrangig auf den Text, auf die Worte, sondern

auf die Situation (die gegebenen Umstände),
auf unsere Aufgabe („ich will..., um...“),
auf unsere Handlungen.

Im Moment anwesend sein

Ganz wichtig ist es, daß wir lernen, *auf der Bühne im Moment anwesend zu sein.* Damit ist gemeint, sich *auf das Hier und Jetzt einzulassen,* auf das, was im Moment in mir und auf der Bühne vor geht. Dazu gibt es eine hervorragende Übung.

Übung: Ankommen im Hier und Jetzt

Ich sitze ruhig auf einem Stuhl oder auf dem Boden, spüre den Atem, schließe meine Augen und nehme ganz bewußt alles um mich herum wahr.

Ich konzentriere mich nur auf das, was ich gerade wahrnehme, was hier und jetzt um mich herum ist. Vielleicht höre ich meine Uhr, mein Herz, ich rieche den Geruch von Holz in diesem Raum, jemand hüstelt, jetzt juckt mein Bein etc. Nach zwei, drei Minuten bin ich ganz in der Gegenwart, und mein innerer Rhythmus hat sich verlangsamt. Damit hole ich mich immer wieder in die Gegenwart zurück und bin ganz präsent für meine Aufgabe, die hier auf mich wartet.

Der Schauspieler arbeitet im Moment und geht von Moment zu Moment. Wir dürfen nicht den Ausgang der Szene vorwegnehmen. Ich konzentriere mich nur darauf, wer ich bin, was mit mir geschehen ist und wo ich hingehen möchte. Meine Konzentration liegt auf meiner Aufgabe, anstatt mich darum zu kümmern, wie ich reagieren soll.

Der Schauspieler geht also nicht nur von dem aus, was bei den Proben einstudiert wurde, damit er nicht einfach das kopiert, was bei den Proben erarbeitet worden ist. Die Vorstellung sollte so ablaufen, wie sie im Heute passiert.

Die Übung „Ankommen im Hier und Jetzt" hilft uns, näher bei uns selbst und im Moment zu sein. Wir achten dabei auf unseren Atem, auf unseren Herzschlag usw.

Um seine Konzentration zu stärken, arbeitet der Schauspieler am Prozeß des „Sich-selber-bewußt-Werdens".

Wie beginne ich eine Probe (eine Vorstellung)?

Neben dem „Ankommen im Hier und Jetzt" ist es wichtig, daß ich von mir selbst ausgehe: von meinem jetzigen, tatsächlichen Gefühl und davon, wie ich mich im Moment wahrnehme. Sobald ich nämlich von meinem wirklichen Selbst ausgehe, werde ich aktiv und kreativ. Ich beginne auf der Bühne wirklich zu denken und zu fühlen.

Übung: Mir selbst bewußt werden, „zu sein" (Seins-Übung)

Diese Übung hat zum Ziel, meinen jetzigen Zustand zu kennen, um auch auf der Bühne vom wirklichen Sein auszugehen. Wir sitzen entspannt da und fragen uns: Wie fühle ich mich? Warum? Entspricht das wirklich den Tatsachen? Was kann ich tun, damit es mir besser geht?

So kommen wir in Kontakt mit unserer eigenen Wirklichkeit. Das Bewußtsein, das von Moment zu Moment vorwärts schreitet, wird klarer. Es kann dabei eine Hilfe sein, daß ich immer dieselben Worte wiederhole:

z. B.: Ich bin...,
ich möchte...,
ich brauche...,
ich fühle...

Wenn ich nun meinen jetzigen Seins-Zustand kenne, kann ich mir überlegen, was ich davon für meine Rolle, bzw. für meine Szene brauchen kann und somit verstärken möchte.

Wir beginnen ja immer zuerst mit dem Hier und Jetzt. Erst dann können wir feststellen, was wir nun unserem Bewußtsein hinzufügen müssen, um den emotionalen Zustand der Rolle zu erreichen.

Wozu brauchen wir eine solche Übung? Wenn Sie nun in diesem Moment im Hier und Jetzt sind und alles wahrgenommen haben, was um Sie herum ist, dann können Sie beginnen, in den Seins-Zustand Ihrer Rolle überzugehen.

Übung: Grundbefindlichkeit der Rolle durch Schlüsselworte

Wenn ich nun meine eigene Befindlichkeit kenne, arbeite ich mit dem emotionalen Gedächtnis, um mich auf die Grundbefindlichkeit der Figur einzustellen. Bevor wir auf die Bühne gehen, müssen wir unbedingt das Befinden hergestellt haben, das die Figur hat, bevor sie auftritt.

Wenn der Schauspieler die Bühne betritt, verliert er oft vor Schreck jede Art der Natürlichkeit. Er kann nicht mehr menschlich sehen, hören, denken, fühlen, handeln. Er wird nervös. Er will es den vielen Zuschauern unbedingt recht machen, will sich auf der Bühne produzieren, seinen Zustand durch Possen-Reißen verbergen, um das Publikum auf jeden Fall zu unterhalten. Deshalb ist es so wichtig, die richtige Grundbefindlichkeit vorher herzustellen.

Eine Möglichkeit, sich an ein emotionales Erlebnis zu erinnern, besteht darin, Schlüsselworte dieses Erlebnisses laut auszusprechen und sich dabei die entsprechenden Bilder ins Gedächtnis zu rufen. Definieren Sie, wie Sie sich fühlen möchten, und sagen Sie Worte, die diese Gefühle in Ihnen auslösen. Wählen Sie ein Erlebnis aus, das diese Gefühle in Ihnen auslöst, und rufen Sie sich alle Details in Erinnerung.

Nehmen wir an, ich brauche für eine Szene das Gefühl der Trauer. Also stelle ich mir den Tod meiner Großmutter vor und rufe mir dabei die Bilder mit den dazugehörigen Schlüsselworten in Erinnerung: Krankenhaus, langer Gang, Duftkerze, Pavarotti – Musik, das Geräusch der Beatmungsmaschine usw...

Diese Technik kann auch während der Szene, also während des Spielens auf der Bühne angewandt werden, indem ich mir dieses Erlebnis stumm zwischen den Zeilen oder während der Replik meines Partners in Erinnerung rufe.

Doch Vorsicht. Sie können nicht jedesmal – wie bereits erwähnt – dasselbe Erlebnis verwenden. Ihr Gefühl wir abstumpfen und nicht mehr reagieren. Sie müssen sich dann einen neues Erlebnis suchen, das Sie im Moment betroffen machen kann.

Nehmen wir an, Sie sind zur Zeit ein wenig deprimiert, vielleicht etwas unter Streß, aber die Rolle, die Sie spielen müssen, ist sehr freudig, enthusiastisch. D. h., von diesem „Seins-Zustand“ gehen Sie nun zum nächsten Seins-Zustand über. Das geschieht immer nur in verschiedenen Schritten. Einen schlechten Schauspieler erkennen Sie daran, daß er plötzlich von einem Zustand geradewegs auf den anderen Zustand übergeht. Denn er hat nur gespielt, er hat keine wirkliche Entwicklung durchgemacht. Auf der Bühne wie im Leben geschehen *Seins-Veränderungen in Schritten*.

Nehmen wir also nun an, Sie müssen von Ihrem privaten, beschwerten Grundzustand in einen freudigen Zustand einer Figur übergehen. Zuerst suche ich nach möglichen Reizen, die sich mir im Moment darbieten. Ich suche nach Dingen, die mich glücklich machen. Im emotionalen Gedächtnis suche ich nach einem Erlebnis, das mir diesen Seins-Zustand geben kann. Ich kann mir auch in Gedanken eine Person vorstellen, die mich glücklich macht, und mir vorstellen, daß sie mir jetzt zusieht.

Der natürliche Prozeß ist immer ein Reagieren auf einen Reiz. Ich suche also jetzt nach positiven Reizen. Genauso reagiere ich auch auf der Bühne auf positive Reize. Ich sollte nicht vorgreifen und schon wissen, wie die Figur zu reagieren hat, etwa schon vor Ende des Witzes lachen, sondern ich sollte einfach den Reiz wahrnehmen, aufnehmen und dann organisch darauf reagieren.

Die innere Mitte finden

Stellen Sie sich vor, Sie haben Ihr Zentrum in der Brust, neben dem Herzen beim Sonnengeflecht. Betrachten Sie dieses Zentrum als Quelle Ihrer inneren Aktivität, Ihrer Emotionen. Entsenden Sie von dort aus den Kraftstrom in Kopf, Arme, Hände, Beine und in den ganzen Körper. Nun lassen Sie jede Bewegung aus diesem Zentrum entspringen. Nicht etwa aus dem Bauch oder aus den Hüften. Machen Sie verschiedene Bewegungen. Dabei sollen alle Bewegungen vom Sonnengeflecht ausgehen.

Dieses Zentrum in der Brust wird Ihnen auch das Gefühl geben, daß Sie einen idealen Körper haben. Ihre Präsenz auf der Bühne wird verstärkt, und Sie verlieren die Befangenheit vor dem Publikum. Ich lenke meine Konzentration in die Nähe des Herzens, dort, wo das Sonnengeflecht ist. Das ist auch ein guter Trick, wenn unsere Aufmerksamkeit plötzlich durch den Zuschauerraum abgelenkt wird. Um mich wieder richtig zu konzentrieren, lenke ich meine Aufmerksamkeit auf das Sonnengeflecht. Ziel ist es, ohne überflüssige Kraftanstrengung die innere Mitte zu finden, damit ich einfach „ich selbst" bin.

Wach sein

Gerade als Schauspieler ist es wichtig, daß ich mit den Gegenständen, die sich auf der Bühne befinden, bewußt umgehe. Es gilt, Gegenstände, Requisiten und Partner immer wieder neu wahrzunehmen. Dies fällt oft schwer, wenn man eine bestimmte Szene bereits 30mal geprobt oder gespielt hat. Die folgende Übung hilft mir auch in komischen und ernsten Szenen: Wird nicht auch im Alltag ein Rascheln des Windzuges durch die Wohnung in der Nacht zu einem vermeintlichen Einbrecher? Oder: Ich möchte nicht gestört sein, das Telefon klingelt – so wird das Telefon zu einem lästigen, aufdringlichen Zwerg...

Übung: Improvisationsübung für die Wachheit – gegen die Abstumpfung der Wahrnehmung

Gehen Sie im Zimmer oder im Freien umher. Nennen Sie dabei alles, worauf Ihr Blick fällt, laut mit einem falschen Namen, so daß z. B. aus einem Stuhl ein Fahrrad wird. Sprechen Sie bis zu zehn falsche Namen aus. Danach blicken Sie wieder um sich, und Sie werden merken, daß Sie die Dinge und die Menschen um sich herum wesentlich bewußter, intensiver und schärfer wahrnehmen.

ZUSAMMENFASSUNG

Wenn man sich konzentrieren will, braucht man ein Objekt (Partner, Gegenstand, Erinnerung, Gedanke), auf das man sich konzentriert. Man kann sich nicht abstrakt konzentrieren. Um den Zuschauerraum zu vergessen, muß man sich für das interessieren, was auf der Bühne vorgeht:

1. Meine Konzentration gilt den Objekten und nicht meiner Reaktion.
2. Meine Konzentration liegt auf meinem Ziel, meiner Aufgabe: „Ich will..., um..." (Überaufgabe).
3. Ich entwickle ein Gefühl für Wahrhaftigkeit. Das Gefühl der Wahrhaftigkeit finde ich in meinen Handlungen.
   Ich konzentriere mich nicht auf meinen Text, sondern:
   auf die Situation (die gegebenen Umstände),
   meine Aufgabe („ich will..., um..."),
   meine Handlungen.
4. Ich lerne, auf der Bühne im Moment anwesend zu sein. Ich lasse mich ein auf das Hier und Jetzt, auf das, was im Moment in mir und auf der Bühne vorgeht. Ich gehe von Moment zu Moment.
5. Um seine Konzentration zu stärken, arbeitet der Schauspieler am Prozeß des „Sich-selber-bewußt-Werdens".

DER BEZUG ZUM PARTNER AUF DER BÜHNE

Eines der wichtigsten Dinge auf der Bühne ist der Bezug zu meinem Partner. Genauso wie im Leben muß ich mit der Person auf der Bühne in direktem Bezug stehen. Dazu ist es notwendig, daß ich mich *wirklich auf den Partner einstelle und einlasse.*

Wahres Schauspiel ist ein ständiger Austausch von Geben und Nehmen, von Aussenden und Empfangen. Der Schauspieler darf auf der Bühne in keinem Augenblick träge oder passiv sein. Richtiges Empfangen heißt, Dinge, Worte, Personen und Ereignisse mit größter Intensität wahrnehmen und persönlich nehmen.

Wie höre ich wirklich zu, auch wenn ich den Satz schon hundertmal geprobt habe?

Zuhören bedeutet, das vor uns sehen, wovon man zu uns spricht. Achten Sie auf die Gedanken Ihres Partners. Stehen Sie immer in *wechselseitiger Beziehung,* auch beim Schweigen.

Sprechen heißt, Bilder wach zu rufen. Aktivität (echtes, zielbewußtes Handeln) ist die wichtigste Voraussetzung für das Sprechen. Sprechen ist auch nichts anderes als Handeln. Dabei ist es zunächst unwichtig, ob der andere auch wirklich sieht, was wir ihm übermitteln wollen. Wir müssen lediglich den festen Willen haben, *unsere Vorstellungsbilder an andere weiterzugeben.* Und dieser Wille ruft dann auch das richtige Handeln (= das richtige Sprechen) hervor. Es ist wichtig, daß alle unsere Worte mit Vorstellungsbildern erfüllt werden.

Neubewertung der Tatsachen

Nehmen wir an, Ihr Partner sagt in der Szene „Guten Morgen". Dieses „Guten Morgen" wird jedesmal ein wenig anders sein: einmal vielleicht müde, ein andermal vielleicht gehetzt oder unkonzentriert. Ich stelle mich genau auf meinem Partner ein und reagiere genau auf den Impuls, den er mir im Moment mit diesem „Guten Morgen" geschickt hat.

Es wäre ein Fehler, die Bewertung der Ereignisse im Stück *endgültig* festzulegen. Man muß bei der Wiederholung immer wieder die Tatsachen von neuem bewerten – in unserem Beispiel das „Guten Morgen". Solch eine *Neubewertung der Tatsachen* führt zu immer größerer Klarheit und Wahrhaftigkeit.

Das „Wie" und das „Was"

Es gibt für den Schauspieler keinen Augenblick, in dem er nicht improvisieren (= spontan reagieren) darf. Es ist uns immer möglich, gleichzeitig den vorgeschriebenen Gegebenheiten nachzukommen und dennoch dem Geist des Improvisierens zu Raum zu geben.

Das „Was" ist fixiert. Aber das „Wie" der Spielweise bleibt immer Improvisation. Das „Wie" des Spieles ist immer höher zu schätzen als das „Was".

Der Mensch ist keine Maschine. Er kann nicht bei jeder Wiederholung der Vorstellung gleich fühlen. Jedes Mal fühlt der Schauspieler die Rolle auf eine neue Art und bewertet die immer gleichen und sich doch ändernden Tatsachen des Stückes auf neue Weise. So entsteht jedesmal Neuheit und Frische. Auch der allgemeine Grundzustand des Schauspielers wirkt seinerseits auf seine Neubewertung ein.

Zufälligkeiten

Die Fähigkeit, *die ständig wechselnden Zufälligkeiten zu benutzen*, ist ein sehr wichtiger Teil der inneren Technik des Schauspielers. Der Schauspieler reagiert immer auf den Partner. Wir nennen das *„sich einstellen"* auf den Partner. Dabei versuchen wir wirklich, auf die Impulse des Partners zu reagieren.

Übung: Gefühl verbergen

Sehr oft gilt es, nicht das *Gefühl* zum Partner zu spielen, sondern es zu *verbergen*. Ein gekränkter Mensch spielt den Liebenswürdigen und Starken, um das Gefühl der Kränkung zu verbergen. Der Richter *spielt* den Neutralen, um seine wahre Einstellung dem Angeklagten gegenüber zu verbergen. Auch im Alltag *spielt* der traurige, niedergeschlagene oder depressive oft den glücklichen und zufriedenen, um sein Innerstes zu verbergen. Ich spiele also das *Verbergen* des Zorns und nicht den Zorn selbst, so wie man es auch im Leben tut...

Übung: Einen anderen vorgestellten Partner wählen

Nehmen wir an, Sie müssen sich im Stück mit Ihrem Ehepartner streiten. Die Art und Weise, wie Sie sich mit Ihrem Partner streiten, gleicht für Sie aber eher einem Streitgespräch mit Ihrer Mutter. Also stellen Sie sich vor, daß Sie in diesem Moment nicht mit Ihrer Ehefrau sprechen, sondern mit Ihrer Mutter. So bekommt Ihr Dialog eine andere Dimension, die der Aufgabe mehr entspricht.

Persönlich nehmen

Alles was auf der Bühne geschieht, sollten Sie persönlich nehmen. Nehmen Sie persönlich, was zu Ihnen gesagt wird – damit Sie auch persönlich reagieren können.

1. Beziehung zum Partner herstellen

Übung: Neue Details wahrnehmen

Sehr oft haben wir das Gefühl, daß wir nach der hundertsten Vorstellung unseren Partner auf der Bühne gar nicht mehr bewußt, spontan und lebendig wahrnehmen. Eine gute Übung ist es, alles zu bemerken, was man vorher beim Partner noch nicht bewußt bemerkt hat. Dasselbe gilt auch für den Raum, die Bühne. Wir bauen eine Beziehung mit dem Partner oder mit dem Raum auf, indem wir unsere Aufmerksamkeit auf das richten, was wir noch nicht bemerkt haben. Mehr dazu im Kapitel „Konzentration und Spannungsaufbau auf der Bühne".

2. Eigenschaften isolieren

Übung: Nehmen wir an, Sie müssen ein Liebespaar spielen und finden Ihren Partner unsympathisch. Dann richten Sie Ihre Aufmerksamkeit auf alle positiven Eigenschaften Ihres Partners. Konzentrieren Sie sich auf das, was Ihnen an ihm gefällt: im Aussehen, in der Stimme, in den Bewegungen usw.

Isolieren Sie die angenehmen Eigenschaften und vergrößern Sie diese in Ihren Gedanken. D. h., Sie gehen von dem aus, was hier und jetzt vorhanden ist. Richten Sie Ihre Aufmerksamkeit auf die Eigenschaften Ihres Partners, die in Ihnen die Gefühle erzeugen, die Sie für die Szene brauchen.

Status

Gerade bei beiläufigen Gesprächen auf der Bühne ist es oft sehr schwer, Leben einzuhauchen und die richtige Partnerbeziehung herzustellen. Der englische Schauspieltrainer Johnston schlägt vor, als Aufgabe für eine Szene unseren Status ein wenig über oder ein wenig unter den des Partners zu bringen. Im wirklichen Leben finden ununterbrochen Status-Handlungen statt, durch die wir versuchen, uns über oder unter unseren Gesprächspartner zu stellen.

1. Hochstatus und Tiefstatus

Ich möchte genauer erklären, was ich mit Status meine. Denken Sie an Ihre Schulzeit zurück. Jeder von uns hatte die Gelegenheit, verschiedene Lehrer zu beobachten. Ich erinnere mich an einen Lehrer, der nie Disziplin aufrechterhalten konnte – die Schüler machten, was sie wollten. Der unfähige Lehrer spielte *Tiefstatus*. Er war nervös, machte viele unnötige Fehler, lief beim kleinsten Ärger rot an und wirkte im Klassenzimmer wie ein Eindringling.

Ein anderer Lehrer war allgemein unbeliebt, er strafte zwar nie, führte aber ein unbarmherziges Regime. Wir hatten Angst vor ihm, er war ein zwanghafter *Hochstatus* – Spieler. Sein Blick war durchbohrend, und er bedrohte uns mit seinem Gehabe.

Der dritte Lehrer strafte nie, dennoch hielt er eine gute Disziplin aufrecht. Dabei blieb er sehr menschlich, machte Späße und stellte trotzdem die Ruhe immer wieder her. Er war ein Status-Experte. Mit großem Geschick hob und senkte er seinen Status. Der dritte Lehrer wurde mit jeder Situation leicht fertig, weil er zunächst seinen Status veränderte.

Status ist etwas, das man hat, aber auch etwas,*was man tut, was man vorgibt und spielt*. Man kann einen tiefen sozialen Status haben, aber einen hohen spielen:

Bauer:	He, wohin gehst du?
Königin:	Entschuldigung?
Bauer:	Du bist wohl taub, oder?

Zuschauer genießen es, wenn ein Gegensatz besteht, zwischen dem *gespielten Status* und dem *eigentlichen, sozialen Status*. Wir freuen uns immer, wenn der Bettler den Boß spielt und umgekehrt.

Man könnte auch von *Dominanz* und *Unterwerfung* sprechen. Aber sehr oft fällt es den Schauspielern schwer, mit den Begriffen „dominieren" oder „sich unterwerfen" umzugehen. Es ist einfacher, diese Begriffe zu ersetzen, durch „Status heben bzw. senken". Man kann niemals wirklich neutral sein. Ein „Guten Morgen" kann herabsetzend oder Status hebend gesprochen werden. Jede Bewegung und jeder Stimmausdruck vermittelt Status.Die Worte „Guten Morgen" mögen zwar neutral sein, der Status wird jedoch durch die Stimme, die Körperhaltung, den Blickkontakt hergestellt. Es ist, als ob man auf einer Wippe sitzt. Wenn der eine nach oben geht, geht der andere hinunter. Man kann die eigene Person heben oder den Partner senken.

Nehmen wir als Beispiel den Blickkontakt. Wenn ich den Blickkontakt abbreche und den anderen ignoriere, hebe ich meinen Status. Wenn ich unmittelbar danach wieder hinsehe, dann senke ich ihn. Oder nehmen wir die Kopfhaltung: Wenn ich während des Sprechens den Kopf stillhalte, erzeugt dies einen hohen, gebieterischen Status. Einzig und allein *durch die Ruhigstellung* des Kopfes wird ein Held *stark*. Diesen Trick, den Kopf ruhig zu halten, müssen wir bei Klassikern lernen. Nehmen wir an, ich möchte den Hamlet spielen. Dann übe ich zuerst einmal, den Kopf beim Sprechen stillzuhalten. Einmal mußte ich einen stolzen, arroganten Angeber auf der Bühne spielen. Ich habe mich gefragt: Wie bewegt sich ein solcher Mann? Zufällig bin ich in diesen Tagen eines Morgens mit einen steifen Nacken aufgewacht... Ein Mensch, der den Kopf nicht oder nur wenig dreht, wirkt schnell arrogant und stolz. Dies ist die Körpersprache eines Hochstatus-Spielers.

Übung: Status verändern

Versuchen Sie, zu zweit ein Gespräch zu führen, in dem Sie verschiedene Möglichkeiten ausprobieren, um Ihren Status zu verändern. Der eine versucht, aus der Brust heraus aufrecht zu gehen (Hochstatus), während sein Partner sich ruckartig bewegt (Tiefstatus). Einer versucht, die Füße nach innen zu drehen (Tiefstatus), während der andere sich breitmacht (Hochstatus). Versuchen Sie, verschiedene Statuszustände zu erleben. Wenn ich beim Sprechen den Kopf stillhalte, mache ich ganz automatisch noch andere Dinge, die auch zum Hochstatus gehören. Ich halte den Blickkontakt, bewege mich gleichmäßig, beanspruche mehr Raum. Wenn ich mit nach innen gewendeten Füßen spreche, ist es sehr wahrscheinlich, daß ich jeden Satz mit Zögern beginne und ein wenig atemlos bin (Tiefstatus). Es ist erstaunlich, daß scheinbar unzusammenhängende Dinge einen so starken Einfluß aufeinander haben. Es scheint unsinnig, daß die Fußstellung einen Einfluß auf den Satzbau und auf den Blickkontakt haben soll. Aber es ist so.

2. Status und Körperhaltung

Ein Schauspieler hatte große Schwierigkeiten, Tiefstatus zu spielen, Gefühle zu zeigen. Als der Regisseur sagte, er solle sich locker hinsetzen und beim Spielen den Kopf schieflegen, wurde er plötzlich verwandelt, er wurde sanft und nachgiebig. Er schien eine Fülle neuer Empfindungen zu erleben.

Der Truffaldino aus „Ein Diener zweier Herren“ ist als Diener meistens im Tiefstatus, daher wird er mit einer sehr beweglichen, lebendigen Körpersprache gespielt.

Hier ein paar ***Statusübungen:***
Spielen Sie Szenen, in denen
1. Sie beide Ihren Status senken,
2. Sie Ihren Status heben,
3. einer seinen Status hebt, der andere ihn senkt,
4. der Status während der Szene umgedreht wird.

Es ist wichtig, daß Sie Ihren Status *nur wenig* über oder unter den Ihres Partners bringen. So ist der Schauspieler gezwungen, sehr genau auf den Status des Partners einzugehen, sein Verhalten genau auf den Partner abzustimmen. So werden Sie zum scharfen Beobachter.

Versuchen Sie, die Veränderungen in Ihrem Status *Schritt für Schritt* vorzunehmen, nicht mit einem Ruck. Das Publikum wird immer in Spannung gehalten, wenn der Status nur allmählich geändert wird. *Verlangsamen* Sie Ihre Bewegungen, so wird Ihr *Status steigen.* Greifen Sie sich an den Kopf, so wird Ihr Status fallen.

Die Status-Übungen sind Brücken, die den Schauspieler unterstützen und es ihm leicht machen, auf der Bühne zu einem echten Erleben zu kommen. Der Status wird allem gegenüber gespielt: gegenüber Gegenständen wie gegenüber Menschen. Wenn man ein leeres Wartezimmer betritt, kann man den Möbeln gegenüber hoch oder tief spielen. Ein Chef in seinem Büro wird dem Raum gegenüber Hochstatus spielen, da es sein eigenes Büro ist. Der Angestellte kann gegenüber dem Chefbüro Tiefstatus spielen, auch wenn er dem Chef gegenüber Hochstatus spielt.

Der Status eines Menschen wird auch sehr stark dadurch ausgedrückt, *wieviel Raum* eine Figur für sich beansprucht.

Wenn ich mich auf eine Parkbank setzte und die Arme auf die Lehne lege, beanspruche ich die gesamte Parkbank für mich. Dies sagt uns einiges über die Figur, die ich spiele.

In einer „Herr und Diener"-Szene müssen beide Partner so spielen, als gehöre der gesamte Raum dem Herrn. Die Komik entsteht oft dadurch, daß – sobald der Herr die Bühne verlassen hat – der Diener den Raum voll in Besitz nimmt, sich auf die Möbel stützt, den Champagner seines Herrn austrinkt usw.

3. Partnerbezug bei Massenszenen:

Die meisten Massenszenen überzeugen nicht, weil eine Rangordnung fehlt. Die Statisten laufen herum und versuchen lebensecht auszusehen. Doch der Raum zwischen ihnen ist nicht nach einer Rangordnung, also gemäß dem jeweiligen Status, festgelegt. Solche Fehler können vermieden werden, indem man die Schauspieler *hierarchisch durchnumerieren* läßt, so daß sie wissen, welchen Status sie haben. So wird meine Beziehung zu meinen Partnern auf der Bühne geklärt.

ZUSAMMENFASSUNG

1. Der Partner

- Auf den Partner einstellen und einlassen
- Wahres Schauspiel ist ein ständiger Austausch von Geben und Nehmen, von Aussenden und Empfangen.
- Der Schauspieler darf auf der Bühne in keinem Augenblick träge oder passiv sein.
- Zuhören bedeutet, das vor uns zu sehen, wovon man zu uns spricht.
- Sprechen heißt, Bilder wachzurufen.
- Neubewertung der Tatsachen
- Das *„Was"* ist fixiert. Aber das *„Wie"* der Spielweise gründet auf der Improvisation.
- Die ständig wechselnden Zufälligkeiten benutzen, *„Sich einstellen"* auf den Partner.
- Sehr oft ist unsere Aufgabe, nicht das Gefühl zu spielen, sondern es zu verbergen.
- Persönlich nehmen
- Beziehung zum Partner herstellen
- Neue Details wahrnehmen
- Eigenschaften isolieren

2. Status

- Im wirklichen Leben finden ununterbrochen Status-Handlungen statt, durch die wir versuchen, uns über oder unter unseren Gesprächspartner zu stellen.
- Status ist etwas, was man tut. Man kann einen tiefen sozialen Status haben, aber einen hohen spielen.
- Zuschauer genießen es, wenn ein Gegensatz besteht zwischen dem gespielten und dem eigentlichen sozialen Status.
- Dominanz und Unterwerfung
- Status heben oder senken
- Man kann niemals wirklich neutral sein.

- Jede Bewegung und jeder Stimmausdruck vermitteln Status. Man kann die eigene Person heben oder den Partner senken. Beispiel: Blickkontakt.
- Es ist wichtig, daß Sie Ihren Status nur wenig über oder unter den von Ihrem Partner bringen. So ist der Schauspieler gezwungen, sehr genau auf den Status des Partners einzugehen, sein Verhalten genau auf den Partner abzustimmen.
- Versuchen Sie die Veränderungen in Ihrem Status Schritt für Schritt vorzunehmen, nicht mit einem Ruck. Das Publikum wird immer in Spannung gehalten, wenn der Status nur allmählich geändert wird. Verlangsamen Sie Ihre Bewegungen, so wird Ihr Status steigen.
- Der Status wird allen und allem gegenüber gespielt.
- Der Status eines Menschen wird sehr stark dadurch ausgedrückt, wieviel Raum eine Figur für sich beansprucht.
- Achten Sie auf eine Rangordnung bei Massenszenen

DER PERSÖNLICHE AUSDRUCK

Wenn man in Wien die schwere Eingangstüre zur Schauspielschule aufstößt, kommt man in einen großen Vorraum. An der Marmorwand in der Eingangshalle ist ein Zitat von Max Reinhardt, einem der größten Regisseure dieses Jahrhunderts, eingemeißelt:

Die Kunst des Schauspielers ist, nicht sich zu verstellen, sondern zu enthüllen.

Das Ziel dieses Buches liegt nun nicht darin, möglichst rasch jedem Leser die deutsche Bühnensprache beizubringen oder ihm zu helfen, das Schön-Sprechen zu erlernen. Das wird keinen Leser interessieren. Jeder von uns hat einen ganz eigenen Stil, wie er sich ausdrückt. Diesen Stil gilt es bewußtzumachen und herauszuarbeiten.

Sie als Person gibt es nur einmal unter sechs Milliarden Menschen. Gott hat uns eine ganz persönliche Stimme, einen persönlichen Dialekt, eine persönliche Sprache, eine ganz persönliche Ausdrucksform, eine besondere Note mit auf den Weg gegeben. Diese gilt es nun zu erkennen und herauszuarbeiten, wie ein Goldschmied seinen Stein bearbeitet. Jeder von uns ist eine einzigartige Persönlichkeit. Es geht darum, mir meine ganz persönliche Ausdrucksweise bewußt zu machen, damit ich lerne, mit ihr auch umzugehen, zu ihr zu stehen und sie auch bewußt einzusetzen.

Wir werden dafür zuerst einmal die Selbstwahrnehmung schärfen, auf Körpersignale achten und einüben, zu unserem persönlichen Ausdruck zu stehen. Es geht um die Selbstoffenbarung. Wir wollen dem ehrlichen Ausdruck auf die Spur kommen...

Jeder von uns ist einzigartig. Das macht jeden einzelnen Menschen auch so interessant. Wer sich mit anderen vergleicht, wird unweigerlich deprimiert. Du bist du, und kein anderer ist wie du.

Alle Not kommt vom Vergleichen

Der Philosoph Sören Kiergegaard prägte den Ausdruck: *Alle Not kommt vom Vergleichen.* Ich werde nie so Theater spielen können wie ein Oskar Werner, wie Romy Schneider oder Gert Voss. Ich werde auch nie so sprechen können wie Ulrich Parzany oder Hans-Joachim Kulenkampff. Aber dies darf und soll auch nicht unser Ziel werden.

Alle Not kommt, gerade auch im künstlerischen Bereich, vom Vergleichen. Um wieviel kreativer wären wir, wenn wir in unserer Ausbildung nicht auf ein genormtes Ziel hinsteuerten, sondern einfach von der einzigartigen Persönlichkeit eines jeden ausgehen würden. Ich bin ich. Diese Tatsache beginne ich selbst erst im Laufe der Jahre in meiner Beziehung mit Gott zu begreifen. Er hat mich genau so gewollt, wie ich bin. Unter sechs Milliarden Menschen sind *Sie* nur einmal zu finden, darauf können Sie vertrauen. Wir vergleichen unsere Schwächen oft mit den Stärken von anderen, ohne zu bedenken, daß der andere an Stellen schwach ist, an denen ich stark bin. Dann fühlen wir uns oft unfähig oder unqualifiziert.

In vielen Bereichen des Lebens, so auch am Theater, gibt es kein „Schnellprogramm“ wie bei einer Waschmaschine. Eine der wichtigsten Tugenden eines Künstlers liegt darin, sich nicht mehr zu vergleichen. Paulus beschrieb dies bereits vor 2000 Jahren im Neuen Testament (2. Kor. 10, 12).

Echtheit wächst, wenn ich aufhöre, mich mit anderen zu vergleichen, wenn ich nicht mehr versuche etwas zu sein, was ich nicht bin.

Das Vergleichen und die Unzufriedenheit lähmen meinen künstlerischen Ausdruck. Erst wenn ich meine Persönlichkeit akzeptiere, kann ich sie auch in meiner Kunst zum Ausdruck bringen. In der Kunst schielen wir oft auf andere, die es „besser machen“. Aber ein Vergleich zwischen zwei Menschen ist genausowenig möglich wie zwischen einer Birne und einer Zitrone. Niemand würde auf die Idee kommen und sagen: „Die Zitrone ist aber saurer. Die Birne ist runder.“ Das würde uns absurd erscheinen. Nein, wir akzeptieren, daß eine Zitrone eine Zitrone ist und die Birne eine Birne. Wir würden niemals von einer Zitrone erwarten, mehr wie eine Birne zu werden. Wie oft sind wir damit beschäftigt, uns mit anderen zu vergleichen, anstatt die positiven Seiten von uns selbst und anderen wertzuschätzen!

Hier eine Übung, die Sie bei ihrem nächsten gesellschaftlichen Anlaß ausprobieren können. Gerade auf großen Festen, Geburtstagsfeiern, Premieren, bei denen wir einfach gut dastehen wollen, haben wir ständig das Gefühl, neben uns einen Beobachter stehen zu haben, der oberlehrerhaft und nörgelnd herumkritisiert. Diese Kritik nimmt uns jegliche Freude und Spontaneität. Dieser Beobachter neben uns kritisiert schon, bevor wir etwas getan haben, und bewegt uns dazu, uns von anderen zurückzuziehen, ohne daß es eigentlich einen Anlaß geben muß.

Übung: Treue zu mir selbst – gegen die Tyrannei der verkrampften Selbstbeobachtung

Wenn Sie sich das nächste Mal mit Menschen treffen, dann verwenden Sie diese Verabredung dazu, um sich selbst treu zu bleiben. Schon bei der Begrüßung achten Sie darauf, daß Sie dem kritischen Beobachter keinen Raum geben. Bleiben Sie bei sich, mit allen Ihren Vorzügen und Schwächen. Nehmen Sie die freundlichen Signale Ihres Gegenübers auf. Wann immer Sie dazu neigen, sich selbst wieder zu verlassen und sowohl sich selbst als auch die andere Person kritisch zu analysieren, dann sagen Sie sich den Satz: „Ich bin was ich bin, und ich bleibe mir selbst treu" (wiederum von Paulus, 1. Kor. 15, 10).

Bei der Begegnung mit unsympathischen Menschen kann ich es mir zur Aufgabe machen, positive Eigenschaften an ihnen zu entdecken. So werde ich, als Schauspieler, auch diese Menschen einmal verkörpern können. Erinnern Sie sich an den Schauspielerspruch: „Urteile nie über jemanden, wenn du nicht einen Mond lang in seinen Mokassins gegangen bist."

Versuchen Sie, nach der Übung ein wenig Ihre Gefühle zu ordnen. Wie ist es Ihnen gelungen, bei sich zu bleiben? Wie gut konnten Sie Konkurrenz-Denken ausschalten?

Echtheit wächst, wenn man sich nicht vergleicht, wenn man Mut zur eigenen Person, zur Originalität hat. Wir sind einzigartige Persönlichkeiten, zu einem ganz bestimmten Zweck geschaffen. Jeder von uns ist ein Original Gottes!

Der Schauspieler muß lernen, sich nicht selbst mit überkritischen Augen zu betrachten.

Erst wenn wir auf der Bühne wirklich der Sache hingegeben sind und aufhören, uns dabei selber zu kritisieren, können wir frei spielen. Wir sollten uns deshalb angewöhnen, alle destruktive Kritik zu unterdrücken.

Ich bin ein Original Gottes

Hier eine ***Übung,*** die Sie morgens beim Aufstehen durchführen können. Wenn wir in den Spiegel sehen, haben wir oft die seltsame Angewohnheit, auf das zu schauen, was uns an unserem Aussehen stört: Schon wieder ein Pickel... mein Bauch wird auch immer größer... meine Haare sollte ich wieder einmal schneiden lassen, die hängen ja wie eine Trauerweide herunter...

Ist diese Betrachtungsweise nicht furchtbar einseitig? Probieren Sie einmal, bewußt gegenzusteuern. Nehmen Sie alles wahr, was Ihnen an Ihrem Aussehen gefällt – alles, was an Ihnen positiv zu bemerken ist. Begrüßen Sie Ihr Spiegelbild mit den Worten: Ich bin ein Original Gottes. Einmalig auf dieser Erde, mit niemandem sonst zu vergleichen. Gott hat mich so geschaffen, und er liebt mich so, wie ich bin. Kleben Sie sich diese Worte auf den Spiegel, damit Sie diese Übung nicht vergessen.

Im Neuen Testament steht, daß wir nur an das denken sollen, was wahr und richtig ist – „sei es eine Tugend, sei es ein Lob“ (Phil. 4, 8). Das gilt auch für uns selbst. Satan will uns immer unser Versagen aufzeigen, unseren Blick auf das richten, was uns fehlt. Aber ich kann aufhören, mich mit anderen zu vergleichen und zu meiner einzigartigen Persönlichkeit stehen.

MUT ZUR SELBSTOFFENBARUNG

Viele gute Regisseure sagen zuerst einmal zu den Schauspielern: „Versuchen Sie zuerst einmal ‚Sie selbst' zu sein – *zu sein,* anstatt zu spielen."

Wir sind auf der Suche nach dem *Echten.* Warum fällt es uns oft so schwer, echt zu sein? Ich denke, es hängt sehr oft mit *fehlendem Selbstwertgefühl* zusammen. Daher fehlt uns auch die nötige Portion *Mut zur Selbstoffenbarung.*

Wenn ich nicht glaube, daß der Mensch in mir wertvoll ist, dann werde ich ihn auch nicht offenbaren. Dann fehlt der Mut zur Selbstoffenbarung. Wann ist ein Künstler echt? Wenn er den Mut hat, zu sich selbst zu stehen, wenn er ‚er selbst' ist. Erst wenn ich meine Persönlichkeit akzeptiere, kann ich sie auch in meiner Kunst zum Ausdruck bringen. Echtheit hat auch mit unserem Selbstwertgefühl zu tun! Wie weit wir uns als wertvoll erachten, bestimmt, wie weit wir uns selbst offenbaren.

Ich nehme noch einmal den Satz von Max Reinhardt auf: *Die Kunst des Schauspielers ist, nicht sich zu verstellen, sondern sich zu enthüllen.*

Wenn ich auf der Bühne stehe, gebe ich auch immer etwas von meiner Person preis. Und dieser lebendige Mensch macht das Spiel so spannend. In jeder Theaterrolle enthülle ich auch einen Teil meines Selbst. Ich gebe von mir persönlich etwas kund, ob ich will oder nicht. *Sobald ich etwas von mir gebe, gebe ich etwas von mir.*

Jede Theaterrolle, jede Gesangsrolle, jeder Vortrag, jede einfache öffentliche Begrüßung enthält auch eine Enthüllung eines Menschen. Jede Äußerung wird zu einer Kostprobe der Persönlichkeit. Jede Äußerung kann mehr oder weniger bewußt, mehr oder weniger reichhaltig und tiefgreifend und mehr oder weniger getarnt und versteckt sein – aber sie kann nicht *nicht* sein.

Unsere Grundangst bei der Selbstoffenbarung ist: *Wie stehe ich in den Augen des anderen da?* Wie stehe ich da, wenn ich mein Lied singe, meinen Hamlet spiele, meinen Text lese? Hier sind wir dem *Lampenfieber* auf Spur... Wir nehmen auch ein Stück Offenbarungsangst in unsere zwischenmenschlichen Beziehungen: Wie stehe ich vor den anderen da, wenn ich der älteren Dame in der U-Bahn meinen Platz überlasse? Und so bleibe ich vielleicht lieber unauffällig sitzen... Was bedeutet diese Tatsache für das Schauspiel und welchen Nutzen können wir aus dieser Tatsache ziehen?

Diese Angst, dieses Lampenfieber, beruht auf der Vorwegnahme einer negativen Beurteilung durch den Mitmenschen, wobei ich als Sender nicht selten mein strengster Richter bin.

Ich stelle zuerst einmal bei mir eine gewisse Angst fest, mich zu öffnen, da man ja Schwächen feststellen könnte. Nur nicht zuviel offenbaren, sonst könnte der andere ein schlechtes Bild von meiner Persönlichkeit erhalten. Hier bewahrheitet sich das lateinische Wort: „Si tacuisses, philosophus mansisses." (Wenn du geschwiegen hättest, hätte man dich weiterhin für einen Philosophen gehalten.) Deswegen trauen wir uns oft nicht, uns auf der Bühne zu öffnen, menschliche Gefühle und persönliche Seiten zu zeigen...

Welche Folgen ergeben sich daraus für einen Schauspieler, der etwas vorzutragen hat? Ich kann aus eigener Erfahrung berichten, daß man bei der Probe sehr viel Aufmerksamkeit aufwenden muß, damit die eigene Rolle nicht mit einer eingeübten *Imponier-* und *Fassadentechnik* einstudiert und wiedergegeben wird. Das interessiert keinen Menschen.

Imponiertechniken

Sie zielen darauf ab, die eigene Schokoladenseite vorzuzeigen und somit Pluspunkte zu sammeln. Die Sprache hat viele Begriffe, um unser Bemühen zu kennzeichnen, uns von der besten Seite zu zeigen: sich aufspielen, sich produzieren, angeben, sich selbst beweihräuchern, Eindruck schinden usw. Auf der Bühne spricht man von „dick auftragen" oder von „Rampenschwein".

Die Angst vor der negativen Beurteilung durch den Mitmenschen führt zur

Fassadentechnik

Sie zielt darauf ab, negativ empfundene Anteile der eigenen Person zu verbergen oder zu tarnen. Sie sind geeignet, um den

„unansehnlichen“ Teil der eigenen Person geheimzuhalten. Es gehört ein *Mindestmaß an Mut* dazu, um überhaupt eine Bühne betreten zu können, denn es könnte ja sein, daß mein Beitrag unliebsame Rückschlüsse auf meine „seltsame“ Persönlichkeit zuläßt... Schon in der Schule wagt mancher nur zögernd eine Frage zu stellen: Ich könnte mich ja blamieren... So bauen wir auf allen Seiten Schutzwälle, Alarmanlagen und Abwehrkanonen, damit wir uns sicher fühlen. Niemand soll die negativ empfunden Anteile meiner Person entdecken können.

Ein tröstlicher Gedanke zu dieser Fassadentechnik, die wir alle mehr oder weniger praktizieren: Bei der Befürchtung, negativ empfundene Anteile zu offenbaren, handelt es sich oft um pure Einbildung. Nicht, daß die Beurteilung durch andere Einbildung wäre. Nein, aber es handelt sich um eine *eigene Übertreibung* dieses Sachverhaltes. Meist hat der Empfänger ganz andere Sorgen... Wir alle könnten uns weniger um unsere „gute Figur“ sorgen. Diese Überbesorgtheit ist Energieverschwendung und interessiert im Grunde keinen Zuschauer. Die Sorge um die „gute Figur“ und um unsere Darstellung ist der Feind wirklicher Kunst. Deshalb sagen viele Regisseure: Sei zuerst einmal du selbst.

In der Blöße liegt die Größe. Die Aufgabe des Schauspielers ist, nicht sich zu verstellen, sondern sich zu enthüllen. Ich muß mich um Stimmigkeit bemühen, egal was ich auf einer Bühne tue.

Stimmigkeit heißt: In Übereinstimmung mit der Gesamtsituation, mit dem Ziel, meiner Aufgabe.

Wenn ich dabei etwas von meiner ungeliebten Seite preisgebe, werde ich nicht nur nicht abgelehnt, sondern rücke dem anderen sogar näher! Der Zuschauer erkennt sich selbst wieder, fühlt sich eins mit dem Bühnengeschehen.

Ich darf und soll so sein, wie ich bin, und das ist gut so. Dies sind Prinzipien, an die wir uns immer wieder erinnern müssen.

Selbstwertgefühl

Je nachdem, ob wir uns selbst als wertvoll erachten, können wir uns selbst auch offenbaren. Wertvoll mit all unseren Schwächen, die wir auf der Bühne preisgeben?

In vielen christlichen Kreisen finden wir häufig die Wurm-Mentalität – nach dem Motto: „Wir sind ja alle nur arme Würmer – nicht viel wert." Hätte Gott Würmer haben wollen, hätte er eine Würmerfarm angelegt und nicht Menschen geschaffen. Wir unterscheiden zwischen drei Arten von Selbstwertgefühl:

1. Beim *Überlegenheitsgefühl* schätzen wir uns selbst im Vergleich mit anderen als besser ein, weil wir... können oder... haben.
2. Das *Unterlegenheitsgefühl* oder Minderwertigkeitsgefühl kann alles Potential in meinem Leben lahmlegen.
3. *Vollwertigkeitsgefühl* oder Demut heißt, zu wissen, daß Gott die Antriebskraft in meinem Leben ist und daß ich alles tun kann, was er mir aufträgt. Demut beinhaltet auch die Fähigkeit, sich selbst richtig einzuschätzen und zu glauben, daß Gott das Fehlende ergänzt.

Wir sehen diese drei Gefühle sehr ausgeprägt in der Geschichte von Moses: Moses fühlte sich in seiner Jugend überlegen. Er tötet einen Ägypter, weil er sich als Retter seines Volkes sieht. Als jedoch diese Tat von seinem Volk nicht anerkannt wurde, verwandelte sich sein Überlegenheitsgefühl in ein Unterlegenheitsgefühl. Er schleppte seitdem sein Minderwertigkeitsgefühl mit sich herum. Als Gott ihn berufen wollte, sagte er: „Sie werden mich nicht anerkennen, sie werden mir nicht glauben." Moses sagte von sich, er könne nicht reden, obwohl im Neuen Testament berichtet wird, daß Moses beim Pharao die beste Ausbildung genoß und sehr redegewandt war (Apg. 7). Schlußendlich findet er zur Demut.

Demut

Demut ist die Fähigkeit, sich selbst richtig einzuschätzen und zu glauben, daß Gott das Fehlende ergänzt.

Alles, was in meinem Leben wertvoll ist, wurde durch das Wirken Gottes ermöglicht. Richtiges Selbstwertgefühl ist nicht Stolz. Demut hat auch nichts mit dem chronischen „christlichen" Minderwertigkeitgefühl zu tun: „Ja, ich weiß, ich bin so schlecht...".

Demut heißt, zu wissen, daß *Gott die Antriebskraft* in meinem Leben ist und daß ich alles tun kann, was *er* mir aufträgt. Ich kann dabei in meiner Begabung, in meiner Gabe völlig sicher, zuversichtlich sein, weil ich weiß, woher diese Gabe kommt. Im Neuen Testament heißt es: Ich bin *Gottes Kunstwerk,* geschaffen zu guten Werken, die er zuvor bereitet hat (Eph. 2, 10; im griechischen Originaltext steht für das Wort „Werk" *„Kunstwerk")*. Ich bin sein Kunstwerk, für einen einzigartigen Weg geschaffen.

Ich kann das richtige Selbstwertgefühl von Gott bekommen und die Wurm-Mentalität aufgeben, indem ich sage: Gott ist die Antriebskraft in meinem Leben. Ich kann alles tun, was er mir aufträgt. Ich kann in meiner Begabung völlig zuversichtlich sein, weil ich weiß, woher meine Gabe kommt. Mit dieser Art von Demut können wir auch den Beruf der Schauspielerei zu Gottes Ehre ausüben – seine Kreativität kommt darin zum Ausdruck.

ZUSAMMENFASSUNG:

- Persönlicher Ausdruck
- Die Kunst des Schauspielers ist, nicht sich zu verstellen, sondern sich zu enthüllen.
- Dich gibt es nur einmal unter sechs Milliarden Menschen. Du bist du, und kein anderer ist wie du. Gott baut keine Reihenhäuser.
- Alle Not kommt vom Vergleichen.
- Sobald ich etwas von mir gebe, gebe ich etwas von mir.
- Demut heißt zu wissen, daß Gott die Antriebskraft in meinem Leben ist und daß ich alles tun kann, was er mir aufträgt.

WIE BRING' ICH'S RAUS? DIE AUSSPRACHE

Während meiner Ausbildung wurde mir klar, daß meine Stimme, meine flache Atmung, mein Sprechen, meine Bewegungen, meine persönliche Ausdrucksweise nicht angeboren, sondern angelernt sind.

Eines Tages hatte ich ein Schlüsselerlebnis: Ein Lehrer drückte mir ein kleines Büchlein in die Hand, „Der kleine Hey" – ein etwas veraltetes Standardwerk für die Beherrschung der Bühnensprache. Dieses Büchlein nahm ich mir vor. Irgendwann bin ich dann auf einen Satz gestoßen, der meine berufliche Laufbahn ganz wesentlich veränderte. Im „Kleinen Hey" stand: „Es gibt kaum einen Fehler in der Stimmführung, in der Sprechtechnik, in der Artikulation, der sich nicht durch Übung beheben ließe. Es gibt organische Schwächen, die kommen aber seltener vor, als man annimmt."

Ob aus meinen Schwierigkeiten Möglichkeiten werden, bestimme alleine ich.

Als Schauspieler, Sprecher, Sänger oder einfach jemand, der vor Menschen in irgendeiner Weise agiert, sind wir sehr oft aufgrund unserer *Schwächen* entmutigt und verunsichert. Lassen Sie sich durch Ihre persönliche Schwächen nicht entmutigen! Die Auseinandersetzung mit Atmung, Stimme, Artikulation, Schauspiel ist ein lebenslanger Prozeß – aber einer, der sich lohnt!

Warum müssen wir uns mit unserer Artikulation, mit unserer Aussprache, beschäftigen? Als Zuhörer haben wir an den Sprecher eine Reihe von Wünschen. Wir möchten ihn akustisch verstehen und seinen Worten ungehindert folgen können. Dazu bedarf es einer deutlichen Artikulation, einer Gestaltungsweise, die keinesfalls ermüdet oder belastet.

Ziel einer guter Artikulation ist nicht das „Schön-Sprechen", sondern Verständlichkeit, müheloses und deutliches Sprechen. Das Gegenteil ist das möglichst „natürliche" Sprechen, mit Unterspannung im Artikulationsbereich und auch im restlichen Körper.

Artikulation im richtigen Sinne ist der *Formungswille,* mich auszudrücken. Artikulation darf nie für sich alleine stehen, sondern ist immer mit dem *Mitteilungswillen* kombiniert. Der Zuruf „Bitte lauter“ bedeutet meistens nicht, daß wir lauter sprechen müssen, sondern daß wir deutlicher artikulieren sollen.

Die häufigsten Fehler bei der Stimmführung

Fehler belasten und schädigen die Stimme. Deshalb wollen wir uns die häufigsten Fehler näher anschauen:

1. Nuscheln

... ist eine Mundfaulheit, die Vernehmbarkeit erschwert. In vielen Fällen lesen wir von der Mimik des Sprechers ab, was unserem Ohr entgeht. Dies ermüdet schnell und führt zu Konzentrationsmangel bei den Zuhörern, die oft selbst nicht genau wissen, warum der Vortragende ermüdend wirkt.

Lösung: Mehr Mundöffnung, präzise Konsonantierung
Vergrößerung des Mund-Innenraumes

Übung: Nehmen Sie Gähnspannung ein, und sagen Sie dann: „wann, wenn, winn, wonn, wunn“.

Wir verwenden diese Worte, weil dabei zwischen verschiedenen Artikulationszonen gewechselt wird. Dadurch kommt der Ton nach vorne.

Ein anderer Übungssatz wäre z. B.: „Weil Wald wunder wohl wirkt“.

Weitere Übungen siehe Übungen gegen die „Mundfaulheit“, S. 118f.

2. Verhauchen

Bei einer verhauchten Stimme hört man den Luftstrom heraus, dadurch klingt die Stimme überlüftet und heiser. Verhauchen oder überlüften führt zu Heiserkeit, man ist schlechter verständlich. Ein klarer, präziser Ausdruck ist dabei nur schwer möglich. Die Stimme trägt und klingt nicht mehr. Das Bemühen, dabei lauter zu werden, verstärkt den Fehler. Wer verhaucht, ist meist genötigt, vor jedem neuen Einsatz tief Luft zu holen, wodurch der Fehler wieder verstärkt wird.

Grund des Verhauchens, der Heiserkeit ist, daß zuviel Luft an den Stimmbändern vorbeigeführt wird. Aufregung sorgt oft dafür, daß zuviel Luft eingeatmet wird, die dann übermäßig an den Stimmbänder vorbeiströmt. Die Stimmbänder werden irritiert. Oft verwendet man das Verhauchen als Schonhaltung für die Stimme. In Wahrheit wird die Stimme dadurch nicht geschont, sondern die Stimmbänder werden belastet und gereizt.

Probieren Sie einmal folgenden Test aus:

Sagen Sie ein lautes „aaa",und überlüften Sie bewußt, indem Sie mehr Luft verströmen lassen. Die Stimme trägt nicht, größere Lautstärke kommt nicht zustande!

Lösung: Ökonomischer Umgang mit Luft, bei ruhiger Atmung einatmen.

Übung: siehe den unteren Absatz zu „Ventiltönchen", bei Anfangsvokalen, S. 121 (Testsatz: „Am Abend ist alles aus")

3. Näseln

Unter Näseln versteht man eine Sprechweise, bei der die Nasenresonanz deutlich vermehrt ist. Die Vokale klingen dabei gedämpft.

Test: Sprechen Sie ein „a", und halten Sie jetzt die Nase zu. Die Vokale dürfen nicht gedämpft klingen.

Lösung: Näseln läßt sich durch die Arbeit an den Vokalen beheben.

4. Knödeln

Beim Knödeln klingt die Sprache so, als hätte man einen Knödel hinter der Zunge. Dadurch kommt die halsige Stimme zustande. Die Vokale hört man kehlig, wie beim Gurgeln.

Bei einzelnen Sprachen und Dialekten werden die hinteren Artikulationszonen bevorzugt, z. B. Holländisch, Tirolerisch, Schweizer Dialekte.

Lösung: Knödeln läßt sich durch die Arbeit an den Vokalen beheben.

Übung: Gähnen

5. Pressen (Quetschen)

Man drückt auf die Stimme („Militärton"). Oft pressen wir, wenn wir lauter werden möchten. Deshalb ist beim Lauterwerden die Gähnspannung sehr wichtig.

Lösung: Die Stimme wird nicht durch Druck eindringlich, sondern durch richtiges Konsonantengreifen.

Pressen läßt sich durch die Arbeit an Atmung und Stimme beheben.

Übung: Gähnen (siehe auch Kapitel „Stimmbildung"/Gähnen, S. 131)

Übung gegen eine gepreßte Stimme: Summend mit „mjaaaaa" beginnen.

6. Verschlucken der Endsilben

Um das Sprechen der Endsilben natürlicher zu machen, sagen wir statt „-en" ein „-ön", also: Leb*ön*, geb*ön*, statt leben, geben.

Übungen zur besseren Artikulation

Die wichtigste Voraussetzung für eine mühelose Artikulation ist ein geschmeidiges, aufgewärmtes *Mundwerkzeug*.

Wir machen die Muskulatur durch Übungen gegen die *Mundfaulheit* geschmeidig:

Dazu gleich eine eine Übung, die das beweist:

Übung: Massage

Sprechen Sie vor und nach dieser Übung einen schwierigen Testsatz,und vergleichen Sie dann.

Zuerst kräuseln Sie den *Mund,* abwechselnd spitz und breit. Danach nehmen Sie das Gesicht dazu, kräuseln Sie es zusammen.

Nun wird die *Zunge* aktiviert: Kreisen Sie langsam in beide Richtungen.

Nun schütteln Sie die *Wangen* aus, und massieren Sie diese.

Danach *gähnen* Sie kräftig, um einen lockeren Unterkiefer zu bekommen und um den Mund zu öffnen. Sollte Ihnen das Gähnen schwerfallen, gibt es eine Vorübung zum Gähnen: Ich setze ein ganz breites Lächeln auf und öffne dann dabei den Mund.

Nach dieser Aufwärmübung wird das Konsonantieren wesentlich leichter fallen. Das Tastvermögen der Zunge verfeinert sich. Die Artikulation wird präziser.

Eine andere effektive ***Übung*** gegen die Mundfaulheit ist das Korkensprechen:

Sprechen Sie Ihren ganzen Text mit einem Korken im Mund durch. Das erhöht den Zugriff zu den einzelnen Konsonanten und durch die erhöhte Bewegungsfreudigkeit des Sprechapparates auch die Schärfe der Aritkulation. Das ist auch eine sehr gute Übung für Menschen, die gerne nuscheln. Sie können sich dadurch ein erhöhtes Artikulationsbewußtsein erarbeiten.

Konsonanten

Der Konsonant ist die Wiege des Vokals. Wenn der Konsonant stimmt, kommt der Vokal ganz von alleine.

Beispiel: „***Ke***nnst Du mich nicht?"

Wenn das „K" stimmt, kommt das „e" ganz von alleine. Vor allem für uns Österreicher gilt es, uns auf die *Konsonanten* zu konzentrieren. Der Schlüssel zur guten Artikulation, zur Verständlichkeit, zur Eindringlichkeit und Ausdrucksgestaltung sind die Konsonanten, nicht die Vokale. Die Konsonanten entscheiden über die Verständlichkeit des Sprechers. „Bitte lauter" heißt nicht: „Lauter!", sondern „Konsonanten sprechen".

Es gibt eine Reihe von Übungen, um mit Zuhilfenahme anderer Körpermuskulatur leichter zu artikulieren und Sprechbarrieren abzubauen.

Übung: Konsonantentasten

Ich lege die Hände auf den Tisch, wie auf Klaviertasten. Bei jedem *Konsonanten* drücke ich mit dem Finger auf eine unsichtbare Taste. So spiele ich den ganzen Text auf dem Klavier. Der Konsonant wird dabei das Sprungbrett für den Vokal. Wenn ich einen Text vorlesen muß, ist es hilfreich, den Text vorher so durchzugehen.

Vor allem bei Gefühlsausbrüchen besteht die Gefahr, den Vokal zu betonen, anstatt das *Gefühl durch den Konsonant auszu-*

drücken. Das ist etwas, was wir bewußt anpeilen müssen, da sonst von Natur aus der Vokal stärker und länger wird.

Übung: Drücken Sie mit den nachfolgenden Sätzen Gefühle aus, aber nehmen Sie dafür den Konsonanten und nicht den Vokal als Hilfe.

„***K***ennst Du mich nicht?"
"Du ***L***ump du!"
"***W***ie? Wer? Nein!"

Übungen zum Konsonantengreifen:
Es gibt ein paar schöne Übungen, um sich die Konsonanten auf lockere Weise zu eigen zu machen – wie man ohne Mühe schwierige Konsonanten findet, ohne Druck und künstliches Sprechen.

Wir nehmen dabei den Körper zu Hilfe, um diese Konsonanten für uns zu finden. Man hilft sich durch die Aktivierung anderer Muskelgruppen, als Schrittmacher für die Artikulation.

Übung: „Er rüttelt die Turmtür"
Dies ist eine Übung gegen die Sprechbarriere „T". Sagen Sie zuerst nur im Stehen den Testsatz: „Er rüttelt die Turmtür".

Dann nehmen Sie Gähnspannung ein und rütteln an einer Turmtüre. Mit der Bewegung sagen Sie nochmals denselben Satz. Durch die Körperbewegung wird die falsche Überspannung im Artikulationsbereich weggenommen.

Übung: „Bim, bim – die Glocke"
Sagen Sie zuerst den Testsatz, das Läuten einer Glocke: *„Bim, bim, bim"* und übertreiben Sie dabei den *Vokal.* Das klingt flach und kehlig. Dann sprechen Sie den Testsatz im *Lauschen.* Die Konzentration liegt dabei auf dem Konsonanten „b". Sie werden merken, um wieviel plastischer die Sprache wird.

Dieselbe Übung können Sie mit dem „p" machen: Sie stellen sich vor, wie ein Stein ins Wasser fällt. Dazu sagen Sie: *„plumbs".*

Sagen Sie zuerst den Testsatz „plumbs", und übertreiben Sie dabei den Vokal. Das klingt flach. Dann sprechen Sie den Testsatz im Lauschen. Die Konzentration liegt dabei auf dem auf Konsonanten „p".

Vokale

Prinzipiell gilt bei den Vokalen:
Vokale können nicht mit schmaler Mundöffnung und mit kleinem Mundinnenraum gesprochen werden.

Es gibt kein a oder o, das mit geschlossenem, „noblem" Mund gut klingt. Der Unterschied zwischen a und o liegt nur in der Mundöffnung. Eine zu schmale Mundöffnung ist auch der Grund für das „Knödeln".

Hier eine Übung, die uns hilft den Mund wirklich zu öffnen:

Übung: Lächeln Sie so breit wie möglich, und öffnen Sie dabei den Mund. Nun gähnen Sie dabei. Wir müssen beim Sprechen unsere Erziehung vergessen und den Mund öffnen.

Vokale werden häufig überlüftet, die Stimme klingt dann verhaucht.

Dieser Fehler läßt sich durch den richtigen Vokaleinsatz beheben (Ventiltönchen).

1. Ventiltönchen – Heiserkeit

Für den Stimmeinsatz, speziell für die Vokale, müssen wir lernen, einen weichen Einsatz zu bekommen – ein Einsatz, der weder verhaucht (denn das trägt nicht) noch gepreßt ist (denn das ruiniert die Stimme).

Wie finde ich nun den optimalen Vokaleinsatz?

Als ***Übung*** dazu dient das sogenannte Ventiltönchen: Dies *ist* das „Platzgeräusch" am Anfang des Vokals.

Hören Sie das Ventiltönchen, während Sie den Satz „Ob er aber in Oberammergau oder aber in Unterammergau ist, ist egal" flüsternd sprechen. Das Ventiltönchen ist das leise Platzgeräusch in Ihrem Kehlkopf, das Sie zu Beginn jedes Wortes hören sollten. Dies gilt natürlich nur für Worte, die mit einem Vokal beginnen.

Diese Übung ist sowohl für die Stimmhygiene und Stimmschonung als auch für die Verständlichkeit (gegen „ineinanderschmieren") hilfreich. Denken Sie, zum Beispiel, an den Unterschied zwischen „Wasser" und „Was er".

Probieren Sie als Gegenprobe einmal bewußt die Worte ineinanderzuschmieren. Beachten Sie, daß man für diesen Satz ohne Ventiltönchen genau die doppelte Luftmenge braucht, nur schlecht verstanden wird, keinen Ausdruck besitzt und sich die Stimme ruiniert (Heiserkeit).

Nun sagen Sie die nachfolgenden Sätze im Flüstern, mit Ventiltönchen. Nehmen Sie dabei die Gähnspannung zu Hilfe.

– „Am Abend ist alles aus"

– „Ob er aber über Oberammergau oder aber über Unterammergau anreist, ist entscheidend"

Eine andere Hilfe für einen weichen, elastischen Einsatz: Zählen Sie flüsternd den Auftakt „1, 2, 3". Dirigieren Sie dabei, und sagen Sie dann laut: „Ebene – Abend – Ufer – immer".

2. Diphtonge (Doppelvokale)

Schon ein paar Veränderungen an den Vokalen können das gesamte Sprachbild verändern. *So kann eine starke Dialektfärbung leicht verbessert werden, wenn ich nur die Hauptvokale des Dialektes verändere* (wenn ich z. B. als Wiener statt „nein", mit einem flachen, wienerischen ei „naen" sage). Der Wiener Akzent kann leicht behoben werden, wenn Sie nur die Diphtonge (Doppelvokale) ändern.

Diphtonge werden nicht so ausgesprochen, wie sie geschrieben werden. „ei" wird leicht „ae" gesprochen. Tatsächlich wird nicht exakt ein „ae" gesprochen, sondern „ae" gedacht – so ist die Färbung eine andere. Das gilt auch für die nachfolgenden Diphtonge.

au = ao, z. B.: gekaut, sprich: gekaot.
eu = oe, z. B.: treu, sprich troe
äu = oe, z. B.: Mäuse, sprich Moese

Nehmen wir z. B. den Satz: „Nein, ich weiß kein Beispiel." Der Wiener sagt: „Nen (flaches ei), ich weß ken Bespiel." Ändern Sie nun auf: „Naen, ich waeß kaen Baespiel." Sie merken, wie sich die gesamte Dialektfärbung dadurch ändert. Die Änderungen der Diphtonge ist besonders für Österreicher wichtig.

Wie wir gesehen haben, kann die Veränderung der Diphtonge die gesamte Sprachfärbung verändern.

Übung: Sprechen Sie die nachfolgenden Testsätze und denken Sie dabei jeweils die andere Aussprache

ei = ae

Der Mai treibt weiße Zweiglein. Er weilt einsam am Teich. Es schreit ein Meislein im Gezweig. Es reitet der Mai in die weißen Weiten und verheißt eine heitere, heilige Zeit. Beweint den, der leidet, beweint nicht den, der scheidet.

au = ao

Gut gekaut ist halb verdaut.

eu = oe

treu, freuen – heute, Meute – Scheune

äu = oe

Mäuse – Räuber, Bräu, Räuber, läuten –Läuse

ei – eu – au

Mein – Main
Leib – Laib
Hein – Hain
Weise – Waise – Häute – Brei
meiden – Meise, leise – leiten – reiben – drei – Eile
Feier – Feuer – zeigen – zeugen – scheinen – heiter – heute
beide – Beute – freuen – freuen
Deine Meister kamen heiser von der weiten Reise. Viele Heinriche waren deutsche Kaiser.
Mein Leuchter ist leichter als dein Leuchter. Der Räuber reibt sich die Hände über die reiche Beute. Die beiden teilten sich die reiche Beute. Mir will scheinen, die Scheunen seien noch eine Meile weit entfernt. Die Kleine ist einfach und bescheiden.

3. Kurze und lange Vokale

Um eine Dialektfärbung zu vermindern, ist es auch sehr hilfreich, zwischen kurzen und langen Vokalen zu unterscheiden. In der Bühnensprache gibt es kurze Vokale, die aber im Dialekt langgezogen werden, z. B: hassen – Mitte – Lippe – Motte – Widder – Rosse.

Übung: Probieren Sie einmal im Gegensatz dazu den Wechsel zwischen kurzen und langen Vokalen: Die Kürzung des Vokals wird durch ein rasches Losgehen auf den dem Vokal folgenden Konsonanten erreicht.

Hahn – Hand
Hase – hassen – Miete – Mitte – Liebe – Lippe – Mode – Motte – Lied – litt – Mut – Mutter
wieder – Widder – Rede – rette
Rose – Rosse – Kam – Kamm – Huhn – Hund – kein – Kinn

Unterscheiden Sie zwischen einem langen und einem kurzen „a“:
Made – Matte
nagen – Nacken
lahm – Lamm – Rasen – Rasse
Lade – Latte – Lage – Lacke
Rate – Ratte
Strafe – straff
fahl –Fall
Wahl – Wall
wahr – warten – Saal – Salz
Sahne – Sand
zagen – Zacken
Schaden – Schatten
ahnen – Anna – Ahle – alle – Art – Artist
Angabe
andrehen
anbahnen
anregen
anbauen

Dem lahmen Asiaten sah man niemals an, was er dachte. Der Mann nahm an allen afrikanischen Luftangriffen teil. Manche Altstadt sank in Asche, das flache Land bestand die zahlreichen Angriffe leichter. Der interessante Abenteurer sang nach dem Nachtmahl zur Gitarre; alle Anwesenden sangen mit; in der prachtvoll akustischen Halle klang der Gesang wunderbar. Warum ist der Mann verzagt, niemand klagt ihn an. Iß, was gar ist, trink, was klar ist, red, was wahr ist.

Um Dialektfärbungen zu vermeiden, ist es auch hilfreich zu wissen, daß wir im Deutschen zwischen vier verschiedenen „e"-Lauten unterscheiden:

1. das lange, geschlossene e (Beet)
2. das lange, offene ä (Märchen)
3. das kurze, offene e (ä) (Feld, fällt)
4. das schwache e in Nebensilben (Gabe)

Übung: Wenden Sie nun diese vier Varianten in den nachfolgenden Beispielen an:
Recht – rächt
Schwemme – Schwämme
Hessen – häßlich
Herr – Härte
bellen – Bälle – Pech – Pächter
Geste – Gäste
schlecht – Schlächter
Eltern – älter – Rede – Räder
wer – wäre
Seele – Säle
Segen – Säge – je – jäh – Beeren – Bären – Ehre – Ähre
Ehre – Erbe
Rede – Retter – Steg – stecken
Regen – recken – Räder – Retter – Bläser – Blässe – Nägel
Schäfer – Scheffel
Hähne – Händler
legen – lägen – lecken
sehen – säen – Sennen – Reeder – Räder – Retter
Bären fressen Beeren, das echte Märchen, der echte Segen, das herzliche Mädchen, die edlen Seelen.
Erleben, zertreten, vergeben, entscheiden, ergreifen, verdienen, entgleisen, erregen, zerbeißen, entsenden, begehen, beleben, herein. Er hält das Pferd, erhält er das Schwert? Er regt etwas an. Er kennt den Wert der Pferde.

Es würde den Rahmen diese Buches sprengen, nun jeden einzelnen Vokal durchzugehen. Am Ende diese Buches finden Sie eine Quellenangabe, falls Sie sich gerne ein sprechtechnisches Übungsbuch besorgen wollen.

Sprechtempo

Haben Sie oft den Eindruck, zu schnell oder zu langsam zu sprechen? Hier ein paar Aspekte zum Thema Sprechtempo.

Langsam:	ca. 200 Silben pro Minute
Normal:	ca. 350 Silben pro Minute
Schnell:	ca. 500 Silben pro Minute

Franzosen und Italiener sind eine schnellere „Normalgeschwindigkeit" gewohnt als Deutsche und Österreicher.

Das Sprechtempo variiert von Sprecher zu Sprecher und bei demselben Sprecher von Moment zu Moment.

Höhere Geschwindigkeiten werden dann erreicht, wenn der Sprecher häufig vorkommende Redewendungen oder Klischees gebraucht. d. h., ein Mensch wird schneller sprechen, je häufiger er diese Aussagen bereits gemacht hat. Er spricht wesentlich langsamer, wenn die Thematik ihm neu ist.

Regeln:

- *Je öfter jemand die gleiche Aussage gemacht hat, desto höher wird seine relative Sprechgeschwindigkeit.*

Dies gilt für Sprecher, Referenten, aber auch für Schauspieler.

- Je unbekannter Ihrem Zuhörer Ihre Informationen sind, desto langsamer müssen Sie das Material präsentieren!
- Langsam präsentieren heißt nicht langsam sprechen.
- Schnell sprechen plus Pausen ergibt ein „langsames Tempo".
- Mancher „brillante" Vortrag leidet gerade dadurch, daß er eben brillant ist.
- Nicht die Information an sich, sondern die Art der Informationsvermittlung ist ausschlaggebend dafür, wie leicht oder schwer es dem Empfänger fällt, die Informationen zu verstehen oder sich zu merken.

ZUSAMMENFASSUNG

1. Artikulation

Als Zuhörer haben wir an den Sprecher eine Reihe von Wünschen. Wir möchten ihn akustisch verstehen und seinen Worten ungehindert folgen können. Dazu bedarf es einer deutlichen Artikulation, einer Gestaltungsweise, die keinesfalls ermüdet oder belastet.

Unser „Sprechwerkzeug“ besteht aus einer Koordination von bis zu 100 Muskeln, die aktiviert werden müssen. Ziel der guten Artikulation ist Verständlichkeit, müheloses deutliches Sprechen. Aber Artikulation darf nie als Technik für sich alleine stehen, sondern ist immer mit meinem Mitteilungswillen kombiniert. Artikulation beinhaltet den Formungswillen, mich auszudrücken.

2. Die häufigsten Fehler:

Falsches Sprechtempo	Näseln
Nuscheln	Knödeln
Verhauchen	Pressen
Silben verschlucken	

3. Übungen

- Wir machen die Muskulatur durch Massage-Übungen gegen die Mundfaulheit geschmeidig.
- Korkensprechen

4. Vokale

- Vokale können nicht mit schmaler *Mundöffnung* und bei kleinem Mundinnenraum gesprochen werden. Ich muß beim Sprechen den Mund öffnen!
- Das *Ventiltönchen* ist sowohl für die
  Stimmhygiene (Heiserkeit)
  Stimmschonung (weicher Einsatz) als auch für die
  Verständlichkeit (Ineinanderschmieren) ganz entscheidend.
  Übungssätze: „Am Abend ist alles aus“
  „Ob er aber über Oberammergau oder aber über Unterammergau anreist, ist entscheidend“

Beachten Sie, daß man für diesen Satz ohne Ventiltönchen die doppelte Luftmenge braucht, schlecht verstanden wird, keinen Ausdruck besitzt und die Stimme belastet (Heiserkeit).

Die Veränderung der Diphthonge (zwei Vokale nebeneinander) kann die gesamte Sprachfärbung (Dialekt) verändern.

Diphthonge werden nicht so ausgesprochen, wie sie geschrieben werden:

ei = ae „Nein, ich weiß kein Beispiel.“ „Er weilt einsam am Teich.“
au = ao „Gut gekaut ist halb verdaut.“
eu = oe treu, freuen – heute, Meute – treu, Scheune
äu = oe Mäuse – Räuber, Bräu, Räuber, läuten – Läuse

WIE KANN ICH STIMME UND LAUTSTÄRKE TRAINIEREN?

Was entscheidet darüber, ob Menschen uns zuhören? Wovon hängt es ab, wie Menschen meine Worte aufnehmen? Worauf achtet ein Zuhörer bzw. ein Zuseher?

Dieses Diagramm zeigt uns, wie die Menschen hören, auf was sie achten, wenn wir als Sprecher oder als Schauspieler den Mund aufmachen (Quelle: Albert Mehrabian & Paul Watzlavick):

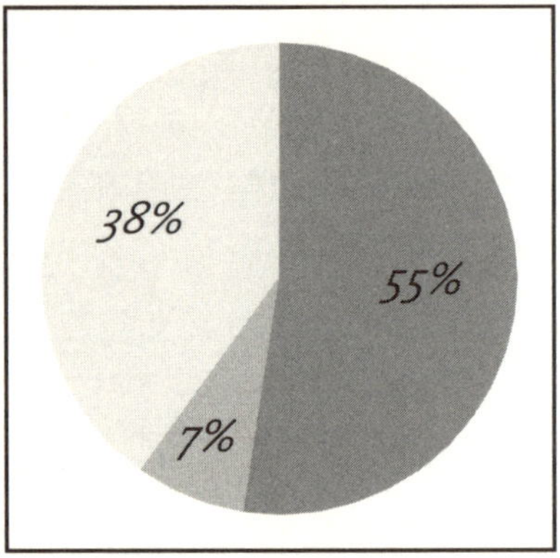

55 Prozent unserer Botschaft wird durch „Non-Verbales" übertragen – was die Menschen sehen (äußere Erscheinung, Kleidung, Kostüm, Bühne, Licht, Maske usw.). Sieben Prozent wird durch die Worte und ihren Inhalt übermittelt, also den Text.

Für den Schauspieler ist deshalb das „Wie" von großer Bedeutung. Das „Was" ist zweitrangig. „Was" eine Figur sagt, kann der Zuseher in einem Buch nachlesen. Aber kaum jemand sitzt zu Hause, macht sich einen schönen Abend und liest Schiller... Wie die Schauspieler diese Rollen zum Leben erwecken, das macht Schiller erst interessant...

Wozu Stimmtraining?

38 Prozent meiner Botschaft werden über den Ton, über die Färbung meiner Stimme übertragen. Deswegen ist es notwendig, die Stimme weiterzubilden.

Was verstehen wir unter Ton? Womit beschäftigt sich Stimmtraining? Mit Ton meinen wir vor allem die Qualität der Stimme.

Es gibt ein paar entscheidende Faktoren, von denen die Stimmqualität abhängt:

1. die richtige Atmung
2. die Ausbildung der Resonanzräume

3. die richtige Lautstärke
4. die variable Modulation
5. das Auffinden der Indifferenzlage
6. die verständliche Artikulation
7. die ungestörte, echte Gefühlsübertragung
8. das Bewußtsein, was ich im Zuhörer bewirken will

Welche anderen Gründe sprechen für ein umfassendes Stimmtraining?

Wir bekommen ein Handwerkszeug, um müheloses Sprechen zu erreichen, auch bei längerem oder lautem Sprechen (z. B. beim Unterrichten).

Ich lerne meine eigene Stimme kennen und werde mit meinem eigenen Organ vertraut.

Stimmtraining ist dazu da, um die Stimme flexibel zu machen. So kann sie in jeder Situation der Stimmung Ausdruck verleihen. Die Stimme wird dadurch so veränderbar wie der Inhalt der Texte, die ich vermitteln möchte: einmal zart, schwach, weich, dann barsch, vulgär, streng, kalt – je nach Situation.

Die Stimme soll zu einem Instrument werden, das ich wie ein Musiker beherrschen und spielen lerne. Stimmungen, Modulationen kann ich nur finden, wenn ich mit meinem Instrument umgehen kann. Wie ein Geigenspieler seine Geige beherrscht, so müssen wir auch unsere stimmlichen Möglichkeiten kennen.

Ein umfassendes Stimmtraining beinhaltet folgende Punkte:

Das Auffinden der Indifferenzlage

Für jeden Menschen gibt es eine Stimmlage oder Indifferenzlage, in der er bequem sprechen kann, sich sicher und wohl fühlt. Dies nennen wir die Indifferenzlage. In diese sollte ich, wie in die Atemmittellage, immer wieder zurückfinden können.

Engagement, Nachdruck, Emotion verleiten dazu, mit einer hohen, oft zu hohen Stimme zu sprechen. Das ermüdet nicht nur den Sprecher, sondern auch den Zuhörer. Besonders unter Druck wird die Stimme höher – deshalb sollte ich gerade dann, bevor ich zu sprechen beginne, meine Indifferenzlage kennen. Das ist besonders wichtig beim Mikrofonsprechen. Erfahrungsgemäß spricht jeder Mensch unter Druck zu hoch. Wir fangen zu hoch an und sollten deshalb zuerst einmal die Indifferenzlage auffinden, bevor wir uns in emotionale Höhen begeben.

Wie finde ich nun diese Indifferenzlage?

Übung: Ich sitze bequem und gebe ein angenehmes „mmmmm" von mir, so als ob ich gerade etwas Gutes gegessen hätte. Lassen Sie den Ton so kommen, wie er von selbst kommt.

Wenn sie ein angenehmes „mmmh" von sich gegeben haben, dann sagen Sie: „mmmmmmmeine Damen und Herren!" – als ob Sie eine Rede beginnen würden. So finden Sie ihre Indifferenzlage, Ihre Ausgangslage.

Das bedeutet aber nicht, daß Sie nun Ihre gesamte Rolle oder Ihren gesamten Text in dieser Tonlage sprechen! Im Gegenteil, Ihre Stimme lebt von ihren Höhen und Tiefen.

Stimmhygiene

1. Gesunder Toneinsatz

Ein ungesunder Toneinsatz kommt von einem der folgenden Stimmfehler (s. S. 116 ff.):

A) Pressen

Man drückt auf die Stimme („Militärton").

Übung gegen eine gepreßte Stimme: Summend beginnen, dann sprechen Sie ein „mjaaaaa".

B) Halsig

Klingt wie Knödeln, z. B.: Tiroler oder Schweizer sprechen gerne im Hals.

Übung gegen das halsige Sprechen: Zuerst Gähnen und dann sprechen Sie: „wann, wenn, winn, wonn, wunn".

Wir verwenden diese Worte, da dabei verschiedene Aritkulationszonen gewechselt werden. Dadurch kommt der Ton nach vorne. Ein anderer Übungssatz wäre z. B.: „Weil Wald wunder wohl wirkt."

C) Verhauchen:

Beim Verhauchen wird zu viel Luft an den Stimmbändern vorbeigeführt.

Übung gegen das Verhauchen: Das Ventiltönchen (s. S. 112)

Hören Sie das Ventiltönchen, während Sie folgenden Satz flüsternd sprechen: „Ob er aber aus Oberammergau oder aber aus Unterammergau anreist, ist egal." Das Ventiltönchen ist das leise Platzgeräusch in Ihrem Kehlkopf, das sie zu Beginn jedes Wortes hören sollten. (mehr dazu im Kapitel „Wie bring' ich's raus? Die Aussprache", S. 115 ff.)

2. Gähnen

Gähnen ist eine der wichtigsten Stimmtrainings-Übungen. Gähnen öffnet den Mund, den Unterkiefer und den weichen Gaumen (hinterer Teil des Mundraumes).

Durch das Gähnen werden die Stimmbänder geschmiert und befeuchtet (deshalb tränen auch die Augen), Hohlräume werden frei, der Kiefer lockert sich, Lautstärke wird erzeugt.

Wie löse ich einen Gähnreflex aus? Ein „o" formen, wie beim Daumenlutschen, die Oberlippe herunterziehen, eine Luftkugel im Mund einziehen und den Unterkiefer senken. Dadurch weitet sich der vordere Mundbereich, und dies setzt sich nach hinten zu fort. Man muß besonders darauf achten, daß die schrittweise Aufwölbung des hinteren Mund- und Rachenraumes während des gesamten Gähnvorganges größer wird und keinesfalls wieder zusammenfällt.

Wenn sich beim Gähnen die Vergrößerung des Mund- und Rachenraumes frei entfalten kann, dann stellt sich mit der Weitung im Hals auch eine Weitung im Gürtelbereich ein. Im Halsbereich dient sie dem Kehlkopf, im Gürtelbereich nimmt das Zwerchfell daran teil. Gähnen ist die naturgegebene Inanspruchnahme des ganzen Atem- und Stimmapparates.

Gähnübungen erlauben zwanglos, den Mund- und Rachenraum groß und leicht umzuformen. Das brauchen wir für die Tragfähigkeit der Stimme, die Lautstärke und die Deutlichkeit der Artikulation. So kommt für die Stimme ein Megaphoneffekt zustande.

Wie erreiche ich Lautstärke?

Durch Pressen, mehr Druck, Anspannung oder mehr Luft wird die Stimme nicht lauter oder eindringlicher, sondern meistens nur heiser...

Woher kommt also Lautstärke ?

1. Gähnspannung

Durch Vergrößerung der Gähnspannung erzielen wir den oben erwähnten Megaphoneffekt. Gähnen Sie, und behalten Sie dann diese Gähnspannung beim Sprechen bei!

Dies verlangt etwas Übung, da die Stimmbänder Muskeln sind, die trainiert werden müssen. Ein Sänger oder jemand, der oft lauter sprechen muß, hat automatisch größere Lautstärke-Reserven als jemand, der seine Stimme nie oder nur diskret nutzt.

2. Richtige Atmung

Durch tiefe Atmung (wie beim Baby) erzeugen wir die Gähnspannung bis in den unteren Rücken hinein.

Je mehr die Atmung nach unten kommt, desto leichter kann Lautstärke erzeugt werden. Tiefatmung sollte man sich auch für den Alltag angewöhnen.

Übung Stellen Sie sich mit dem Rücken an die Wand, und atmen Sie nach hinten, gegen die Wand. In dieser Position kann man auch Gesangsübungen singen (z. B. „nanananana" als Tonleiter).

Je mehr die Atmung von unten gestützt ist, desto leichter wird das Sprechen fallen.

Eine Tiefatmung ist das Fundament der Lautstärke.

Übung (siehe die Abbildung zur Übung 3 im Kapitel „Die Atmung", S. 30)

Setzen Sie sich auf die Unterschenkel, und legen Sie die Stirne auf den Boden, Arme seitlich liegen lassen. Atmen. So können Sie die Atmung in den hinteren unteren Flanken, in der unteren Rückengegend spüren. Starke Bewegung der Flanken. Ihre Bauchatmung wird intensiver.

3. Lockerheit der Resonanzkörper

Übung: Klopfen Sie sich mit hohler Hand auf die Brust und sagen Sie dabei „mananga". Ein Partner kann Ihnen dabei den Rücken klopfen. Sagen Sie dabei:

- „mmmmmm" (spüren der Resonanzkörper)
- „manangaaaaa – menengeeeeee – miningiiiii -–monon gooooo – mununguuuu"
- „afaaa – efeeee – ifiiii – ofoooo – ufuuuu"

Achten Sie dabei auf Lockerheit des gesamten Körpers, des Kopfes und des Schulterbereiches. Lautstärke kann leicht zu körperlichen Spannungen führen. Beachten Sie auch: Nicht Verhauchen und Pressen! Das greift bei lauten Tönen rasch die Stimmbänder an!

4. Körperaktivierung

Übung: Aufrichten und Räkeln

Auf dem Boden liegen, aufstehen und sich richtig ausstrecken, gähnen. Viele Körperzonen werden so geöffnet und aktiviert.

Elastizität der Stimmorgane

1. Resonanzen öffnen

Bei der Stimmbildung gibt es ein einfaches Prinzip: „Schwingende Luft verbessert den Klang."

Die Resonanzen bestimmen zu einem großen Teil den Klang einer Stimme, das Timbre eines Sprechers. Der Klang einer Stimme ist nur zum Teil angeboren. Schwingende Luft im Kopf-Nasen-Rachenraum verbessert hörbar den Klang.

Achtung: Nicht mehr Luft durch die Nase strömen lassen, sondern die Schwingungen durch Öffnung der Resonanzräume erzeugen – ähnlich dem Schwingkörper einer Gitarre.

Übung: Stellen Sie sich mit dem Rücken an die Wand, und brummen Sie ein „mmmm", während Sie sich die Nase zuhalten. Dabei werden die Resonanzen vor allem im Kopfbereich (Stirnhöhlen, Nasenhölen usw.) geöffnet. Nun sprechen Sie dabei „manangaaa – menengee".

Übung: Gähnen Sie, und sprechen Sie dabei, mit leicht zugehaltener Nase:

– „mmmmmm"

– „mananga – menenge – miningi – monongo – munungu"

Spüren Sie dabei die Schwingungen im vordersten Bereich des Gesichtes.

Um einer Stimme Modulation, Ausdruck, Flexibilität, Farbe und Schattierungen zu geben, ist es wichtig, an der ihrer Elastizität zu arbeiten. Es geht darum, den gewünschten Ausdruck ausführen zu können, mit einem Instrument, das man beherrscht.

2. Wozu benötigen wir Modulation?

Jede Aussage einer Rolle hat eine mehr oder weniger offensichtliche „Jaulstruktur" (s. S. 58)

Durch sie werden die *Emotionen* übertragen.

Übung: Untersuchen Sie die nachfolgenden Sätze nach ihrer Jaulstruktur.

„Aber ja... laß mich doch in Ruh!"
„Nein... das glaub ich nicht!"
„Iiih... geh weg!"
„Oooh... Was sind denn das für Töne!"
„Du... mach' das nicht noch mal..."

Nun eine Übung, um die ganze Bandbreite der Modulationsfähigkeit Ihrer Stimme zu bekommen:

Übung: Gähnen Sie zuerst *mit* Ton, indem Sie ganz hoch oben beginnen und dann langsam bis zum tiefsten Ton kommen. Sie beginnen dabei mit der Kopfstimme und enden dann bei der Bruststimme. Wenn Sie beim tiefsten Ton angelangt sind, dann klopfen Sie sich auf die Brust und sagen:

„Jäger jagen im Walde".

Während Sie diesen Satz sagen, gehen Sie wieder die gesamte Bandbreite Ihrer Modulation durch. Sie beginnen also wieder mit der hohen Kopfstimme und enden dann mit dem tiefsten Ton. Achten Sie dabei auf die ständige Gähnspannung.

ZUSAMMENFASSUNG

1. *Von welche Faktoren hängt es ab, ob Menschen uns zuhören?*

55 Prozent unserer Botschaft wird über Non-Verbales übertragen – über das, was die Menschen sehen.
38 Prozent der Bedeutung wird über den *Ton*/Klang übertragen, sieben Prozent über die Worte, also den Text.

2. *Wozu Stimmtraining?*

- Um uns ein Handwerkszeug zu geben, um ein müheloses Sprechen zu erreichen, auch bei längerem oder lautem Sprechen.
- Ich lerne meine eigene Stimme kennen und werde mit meinem eigenen Organ vertraut. Stimmtraining ist dazu da, um die Stimme flexibel zu machen.
- Stimmungen, Modulation kann ich nur finden, wenn ich mit dem Instrument umgehen kann.

3. *Ein umfassendes Stimmtraining beinhaltet folgende Punkte:*

- das Auffinden der *Indifferenzlage*
- *Stimmhygiene*/gesunder Toneinsatz
- *Lautstärke*/„Gähnspannung“
- *Elastizität* der Stimmorgane/Resonanzen öffnen

- Je mehr die Atmung von unten gestützt ist, desto leichter wird das Sprechen fallen.
- Schwingende Luft verbessert den Klang.

PRAKTISCHE TIPS ZUM MIKROFONSPRECHEN

Wie gehe ich mit einem Mikrofon um? Hier ein paar Punkte, die auf einer Bühne, in einem Studio oder auf einer Kanzel eine Hilfe sind:

- Präziser Abstand: Richten Sie Ihr Mikrofon, richtige Mikrohöhe, richtige Kopfhaltung!
- Sprechprobe mit dem Originaltext, Original-Lautstärke, nicht 1, 2, 3...
- Beim Überprüfen nicht ins Mikrofon blasen, besser ist „draufklopfen“
- Keine großen, heftigen Bewegungen, vor allem nicht in einem Studio
- Wenn im Studio ein Tischmikrofon verwendet wird: Uhr abnehmen, mögliche Geräuschquellen entfernen
- Gleichbleibenden Abstand zum Mikrofon einhalten, Manuskript entsprechend einrichten
- Im Studio: Manuskript-Rascheln vermeiden, am besten Eselsohren rechts und links unten: So läßt sich das Papier leicht wegziehen
- Manuskript nicht zwischen Mund und Mikrofon halten
- Bei S – Schärfe: Schrägstellen des Mikrofons
- Bei lauten Passagen:
  – seitwärts sprechen
  – Abstand nehmen
  – stimmlich markieren bei vollem Ausdruckswert
- Keine übertriebene Artikulation
- Nervosität nicht durch Anheben der Stimme oder hastiges Sprechen ausgleichen; Indifferenzlage auffinden
- Nervosität durch Atempausen entgegensteuern
- Gut vorbereiten beruhigt
- Keine Panik vor und bei Versprechern (Versprecher erhöhen die Aufmerksamkeit des Zuhörers!)

Vor Publikum:

- Richten Sie Ihr Mikrofon durch eine klare, deutliche Handlung ein (falls dies nicht bei der Vorbereitung geschehen ist): „Ich habe Ihnen etwas zu sagen! Sie sollen mich gut und deutlich verstehen können."
- Das Mikrofon sollte vollständig unter dem Gesicht sein. Richten Sie deshalb die Mikro-Höhe eher am Bein, nicht am Arm des Ständers.
- Seien Sie als Zuhörer/Mitarbeiter (in der ersten Reihe) eventuell beim Einrichten des Mikrofons behilflich.
- An die Mitarbeiter: Entfernen Sie unnötige Mikrofonständer (oft steht neben einem Hauptredner ein unbenutzter Mikroständer).

Im Studio:

- Stimmungen werden durch *Konsonanten* übertragen. Wahrhaftigkeit und Aufgesetztes sind klar erkennbar. Ich muß wirklich meinen, was ich sage.
- Stimmig sein – kongruent sein: Das Mikro zeichnet ganz feine Stimmungen auf. Ich muß mir daher immer meiner Stimmung und meiner Emotion bewußt sein, damit ich dann stimmig sein kann. Sollte meine momentane Stimmung nicht zu dem Text passen, dann muß ich die Stimmung durch emotionale Techniken verändern (siehe Übungen zu Emotionen).
- Mit guter Technik übertragen und potenzieren sich auch die Fehler.
- Seien Sie Mensch und nicht Mitteilungsmaschine!

TIPS UNS TRICKS VON PROFIS

Nun möchten wir gerne vier Schauspielkollegen zu Wort kommen lassen. Sie spielen seit Jahren Theater und sind auch im christlichen Bereich tätig. Wir haben sie gebeten, aus ihrer „Trickkiste“ ein paar Geheimnisse preiszugeben...

Philip Schepmann: Los geht‘s

Ich möchte gleich zu Anfang mein schauspielerisches Hauptgeheimnis preisgeben – auch auf die Gefahr hin, daß ich mich damit sehr unbeliebt mache: Ich habe überhaupt kein richtiges Geheimnis! Mein einziges Geheimnis beim Theaterspielen lautet: Arbeit, Arbeit und nochmals Arbeit! Das ist wirklich kein großartiges Geheimnis, das man vor der Konkurrenz hüten müßte. Jeder weiß natürlich, daß Schauspieler hart arbeiten... oder?

Aber das eigentliche Geheimnis hinter diesem offensichtlichen Nicht-Geheimnis ist: Diese Arbeit macht mir so viel Spaß, daß ich sie nicht mehr als mühevoll empfinde. Das wiederum liegt daran, daß ich mir im Laufe der Zeit ein gewisses Potential an rein handwerklichen Fähigkeiten erworben habe, die es mir ermöglichen, meine Kreativität optimal einzusetzen und immer ein sicheres Fundament zu haben, von dem aus ich meine Rolle, mein Theater ausbauen kann.

Ich möchte gerne allen, die Theater spielen, zeigen, wie sie mit etwas mehr als üblicher „Freizeit-Ernsthaftigkeit“ Ergebnisse zustande bringen, die viel befriedigender sein und Zuschauern wie Akteuren eine größere Fülle an Freude bescheren können, als man es normalerweise für möglich hält.

Und nun meine kleinen „Nebengeheimnisse“:

1. Tips für alle Interessierten:

A) *Lies das Stück* bzw. Anspiel, das Ihr aufführen wollt, mehrmals (2–3mal) durch. Mach‘ dir *Gedanken* über die einzelnen Charaktere und/oder die Situationen, in denen sie aufeinandertreffen. Stell dir in allen Variationen vor, was passieren kann, was möglich ist. Bedenke: *Je konfliktreicher, desto spannender ist Theater!*

B) *Streiche dir den Text* deiner Rolle *an* und *lies ihn* sehr oft durch, erst leise, dann auch laut. *Spiele* dabei mit unterschiedlichen Betonungen, Stimmungen, Gefühlen und *beobachte,* wie sich mit dem Ausdruck auch der Sinn verändert. Lege dich nicht zu früh auf eine bestimmte Interpretation fest. Auch dann nicht, wenn du anfängst, den Text auswendig zu lernen!

C) *Auswendig lernen*

Viele Laien fragen Schauspieler, wie es denn bloß möglich sei, Texte von bis zu zwei Stunden Dauer zu behalten. Ich weiß es nicht. Mir ist das selbst ein Rätsel. Aber es funktioniert tatsächlich! (Vielleicht weil davon abhängt, ob ich meine Miete zahlen kann...?)

Auf dem Gymnasium habe ich gerade die stumpfe Auswendiglernerei so sehr gehaßt, daß ich zwei Mal sitzengeblieben bin. Doch den Text einer Rolle zu lernen ist ja nicht stumpf, sondern lebendig, abwechslungsreich und verspielt, weil auf dem Theater erst einmal alles möglich ist und ich ausprobieren kann, was ich möchte.

Auch das hilft beim Lernen: Sitzt der Text nicht, *verbinde* ich *ihn* während der Probe *mit Bewegungen, Haltungen* (innerlich und körperlich) *und Gefühlen,* habe dadurch lauter kleine Verankerungen im non-verbalen Bereich; der Text ist an bestimmte Bewegungs-Auslöser gebunden. Und so ergibt sich schließlich nach vollendeter Probenarbeit eins aus dem anderen: Text aus Bewegung, Bewegung aus Text. Es läuft ein gewisser *Automatismus* dabei ab, den ich mir zunutze mache, um freier und leichter spielen zu können.

D) *Nicht den Spaß verlieren* (das ist die schwerste Arbeit beim Theaterspielen)! Ich habe inzwischen fast eine Sucht entwickelt, immer weiter an einer Rolle herumzufeilen und auszuprobieren. Aber *Pausen* und *Abschalten* sind genauso wichtig, damit sich alles setzen kann.

E) *Natürlichkeit finden und bewahren!*

Der Tod des Theaters ist Monotonie und bloßes Aufsagen des Textes! Ideal wäre es, so zu sprechen und sich so zu bewegen, daß niemandem mehr auffällt, daß es sich um Theater handelt.

D. h., der Zuschauer muß vergessen, wo er ist, und in seiner Phantasie ins Geschehen eintauchen können. Einfach gesagt… und wie getan?

F) *Entwickle ein Gehör für Sprachmelodien.* Achte darauf, wie sich die Tonhöhe dauernd verändert, wenn jemand spricht, wann die Person Pausen macht, wo sie Luft holt usw. Versuche, Leute, die du besonders interessant findest, *nachzuäffen,* bestimmte Charakteristika in Sprache und Bewegung herauszuarbeiten (möglichst unbeobachtet oder, als Gruppenübung, mit einem gleichgesinnten Partner zusammen, um niemanden zu ärgern) – erst übertrieben, dann immer differenzierter und feinfühliger, bis es ganz selbstverständlich und natürlich wird.

Für die Arbeit an deiner Rolle suche dir eine Person, die deiner Rolle ähnlich ist. Sieh dir vor allem gute Schauspieler auf der Bühne oder im Film an und versuche herauszufinden, wie sie es machen, wie ihre Natürlichkeit gewinnt.

G) Bedenke aber immer, daß Theater hauptsächlich aus *großen dramatischen Situationen und großen Emotionen* besteht – im Gegensatz zum ruhigeren, oft eintönigen, alltäglichen Leben. Versuche, dich an Situationen zu *erinnern,* die große Freude, tiefe Trauer, Verzweiflung, Wut, Lust etc… ausgelöst haben. *Beobachte dich* selbst in Gedanken dabei. Sieh dich diese Gefühle erleben.

Halte dir das eindrücklichste Bild vor Augen, und versenke dich in dieses Bild hinein. *Spüre,* was mir dir geschieht. *Höre,* wie sich deine Atmung verändert, spüre in deinen Körper hinein: Verkrampft sich etwas, löst sich etwas (z. B. beim Weinen)? Wie verändern sich dein Gesicht, deine Schultern, deine Hände usw.? Was passiert mit deiner Stimme? Suche Situationen, die denen deiner Rolle am nächsten kommen.

Ich bin übrigens der Meinung, daß jeder Mensch ein Potential für alle denkbaren Charakterzüge des Menschenmöglichen in sich trägt, von denen speziell er selbst allerdings nur einige wenige voll entwickelt hat. Mit Hilfe der Phantasie kann man sich dadurch in völlig „andersartige“ Menschen hineinversetzen, für einen Moment deren Charakter in sich vergrößern und so mitfühlen, wie ein anderer fühlt, Verständnis aufbringen für seine Lage. So kann ein Schauspieler eine Rolle spielen, die ihm zunächst völlig fremd erscheint (bis hin zum totalen Wahnsinn oder was auch immer...).

H) Achte darauf, sowenig wie möglich bewußt zu machen. *Laß es mit dir geschehen.* Dein kleines Kontrollämpchen leuchtet selbstverständlich immer schön weiter, damit du dich nicht wirklich in deine Rolle verwandelst, ohne es zu wollen. (Es gibt im übrigen viel, viel weniger Schauspieler, die aus einer Rolle nicht mehr herauskommen, als solche, die gar nicht erst richtig hineinfinden. Also keine Angst. Außerdem: Mit Gottes Hilfe wird's erst recht gut gehen.) Wenn du eine Rolle einstudiert hast, dann vertraue darauf, daß alles einigermaßen hinhaut. Bedenke, daß kleinere (oder mittelgroße) Fehler im Ablauf der Aufführung nicht schaden, sondern im Gegenteil das Moment der Spontaneität, des Unvorhersagbaren hineinbringen und so die Wachheit der Akteure und die Lebendigkeit der Aufführung erhöhen!

Ich nehme mir vor einer Vorstellung eines oft gespielten Stückes immer mal wieder eine kleine Veränderung in der Betonung oder im Ablauf vor. Außerdem versuche ich bei jeder Aufführung, eine Authentizität zu erreichen, die sich aus dem Augenblick, aus dem Zusammenspiel mit den Partnern ergibt. Dadurch stagniert die Entwicklung nie, und die Rolle kann sich weiter entwickeln und wachsen.

Folge also deinen Impulsen, auch wenn sie dir hin und wieder etwas ungewöhnlich erscheinen mögen. Dein Unterbewußtsein arbeitet phänomenal, wenn du ihm gewisse Freiheiten einräumst – wobei das Unterbewußtsein immer besser spielt, wenn du vorher gute, bewußte Vorarbeit geleistet und fleißig gelernt hast (ja, ja, ich weiß, ich mache mich nur wieder unbeliebt...).

Eine Schauspiellehrerin hat mir einmal erzählt, daß sie von einer ihrer Schülerinnen gefragt wurde: „Wenn ich mich jetzt ganz öffne und mein Innerstes zeige, dann gebe ich mich ja völlig preis, dann ist das doch ungeheuer peinlich!" Worauf sie antwortete: „Im Gegenteil! Es ist peinlich, wenn du verkrampfst, wenn du ‚zumachst', wenn du alles unter Kontrolle haben willst und es dir selbst peinlich ist! Aber wenn du tiefe Gefühle zuläßt und zeigst, dann läßt du den Zuschauer dabeisein, miterleben. Dann wird auf keiner Seite Peinlichkeit entstehen."

Auf der Bühne ist das wirklich etwas anderes als im täglichen Leben. Natürlich wäre es ungeheuer peinlich, wenn ich jeden Morgen in der Straßenbahn versuchte, allen Anwesenden meine tiefsten, innersten Gefühle mitzuteilen, mich auf den Boden werfen, heulen und schreien oder loslachen würde wie ein Irrer und was in mir sonst alles gerade so hochkäme. Aber im Theater erlebt man alle Höhen und Tiefen ja in einem Rahmen, innerhalb einer Geschichte, die bestimmte Entwicklungen der Charaktere verfolgt und so den Zuschauer von Anfang an mitnimmt, Verständnis ermöglicht. Außerdem geht man ins Theater, um etwas zu erleben. In der Straßenbahn möchte man eher seine Ruhe haben und fühlt sich vielleicht sogar bedroht. Wenn ich allerdings z. B. einen verdreckten, obdachlosen Alkoholiker auf der Bühne spiele, der herumschreit und herumtorkelt, dann kann ich, wenn das auch im Stück so angelegt ist, alle Sympathien des Publikums für mich (als Schauspieler und Figur) gewinnen. Ein anderer, erst sehr sympathisch erscheinender Mensch hingegen kann im Verlauf des Stückes immer abstoßender werden – weil eben durch differenziertes Aufarbeiten einer Lebensgeschichte Verständnis für die Zusammenhänge beim Zuschauer wächst!

Ich möchte dich also einfach dazu ermutigen, auf der Bühne so aufrichtig und wahrhaftig wie möglich zu sein, vielleicht noch wahrhaftiger, als wir das meistens im täglichen Leben mit unserer ständigen Verdrängung, unserer antrainierten Maskerade sind. Für mich ist die Schauspielerei nämlich ein *Ablegen von Masken.*

Wer jetzt übrigens genauere Anleitungen zur Herstellung tiefer Gefühle erwartet, wie zum Beispiel: „Wenn du weinen mußt, dann spanne die schrägen, oberen Bauchmuskeln an und lasse sie wieder los, und zwar schnell und immer wieder, so daß die Bauchdecke regelrecht federt; dabei atme stoßweise ein und aus, sage gleichzeitig, mit bewegtem, sich immer wieder verzerrendem Gesicht deinen Text und unterbrich den Redefluß hin und wieder an unvorhersagbaren Stellen, durch schluchzende, schniefende Geräusche...", wer also solche technischen Schauspieleranleitungen erwartet, den muß ich leider etwas enttäuschen. Ich denke, daß es spannender ist, sich auf die Suche nach einer eigenen, persönlichen Ausdrucksweise zu machen, als seiner Rolle vorgefertigte Verhaltensmuster überzustülpen. Was ich oben mit dem Begriff „Technik" und schauspielerischem „Handwerk" beschrieben habe, meint etwas ganz anderes als ein solches voraussagbares In-den-Griff-Bekommen meiner Rolle. Es meint eher das Im-Griff-Haben meines Körpers und meiner Stimme. Und damit komme ich

I) zu einer anderen Ebene der Schauspielerei, zur vorbereitenden Technik. Der wichtigste Grundsatz bei der Technik ist für einen Schauspieler: Sie muß *immer unauffällig* im Hintergrund bleiben! Das Tödliche auf der Bühne ist ein mit seiner deut-lich-en Ar-ti-ku-la-t-i-o-n prahlender Schauspieler, der sich auch noch der Rolle unangemessen perfekt und schön bewegt, wie ein über die Bühne schwebender Tänzer. Ein solches Theater muß steril und uninteressant bleiben. Manche Laien z. B. geben sich nach einem Workshop so als wären sie Profis, und prahlen mit ihren frisch erworbenen Fähigkeiten. Das ist dann allerdings das aller-, aller-, allerschlimmste Theater! Glaube nicht, lieber Leser, daß ich solche Äußerungen nur um der (weniger guten) Pointe willen von mir gebe.

Wenn ich – als Laie oder Profi – bestimmte Stimm- und Körperübungen mache, um für eine Rolle fitter zu sein, um bestimmte Schwierigkeiten besser angehen zu können, dann hat das seinen praktischen Sinn. Aber sobald ich auf der Bühne spiele, muß ich alle Technik wieder vergessen. Entweder die Technik sitzt und ist in Fleisch und Blut übergegangen oder nicht. Dann nützt es auch nichts, sich während des Spiels dauernd daran erinnern zu wollen (es gibt, wie immer, auch hier Ausnahmen).

Nach dieser eindrücklichen Warnung kann ich nun endlich unbesorgt ein paar meiner liebsten Körper- und Sprechübungen vorstellen.

2. Entspannungs- und Atemübungen

Man kann diese Übungen, wenn man noch nicht vertraut damit ist, ganz wunderbar zu zweit oder in der Gruppe machen. Einer liest langsam, mit langen Pausen, die einzelnen Anweisungen vor, und der bzw. die anderen geben sich ganz der Entspannung hin. Am besten mit geschlossenen Augen:

A) Lege dich auf den Rücken und vertiefe dich in das Gefühl, immer *schwerer* zu werden. Laß in Gedanken alle Glieder langsam im Boden versinken. Laß deinen Atem sich beruhigen. Höre auf, aktiv zu atmen, und stelle fest, wo der Atem von ganz alleine hinfließt! Laß alle Anspannung los und spüre, wie dein Bauch sich hebt und senkt. Wenn du an bestimmten Stellen im Rücken Verspannungen spürst, lege unter die betreffende Stelle einen Tennisball und versuche alles loszulassen, auch wenn es dir zunächst unangenehm erscheint. Schicke in der Vorstellung deinen Atem zu der verspannten Stelle hin, und laß dein Körpergewicht die Lösung der Muskulatur bewirken. Entferne den Ball nach einiger Zeit wieder, und bleib' noch eine Weile ohne Ball auf dem Rücken liegen. Spüre den Unterschied!

B) Rolle dich langsam auf die Seite, und komm' in den Vierfüßlerstand. Du kannst träge und langsam wie eine Kuh (auf allen Vieren) herumkrabbeln und lockere, ganz entspannte „Muh"-Geräusche von dir geben.

C) Laß nun den Po auf den Boden sinken, und richte dich langsam in den Schneidersitz auf. (Um die Entspannung beizubehalten, sind bei allen Positionsänderungen die fließenden Übergänge wichtig!) Im Sitzen kannst du beide Hände rechts und links an deine Wangen legen (die Fingerspitzen liegen an den Schläfen) und den Unterkiefer quasi tragen. Dabei gibt der Unterkiefer immer mehr sein Gewicht an die Hände ab. Laß Kiefer, Zunge und Hals immer entspannter werden.

D) Massieren: Jetzt kannst du, bei immer noch geöffnetem, locker herunterhängendem Kiefer (das sieht etwas debil aus, entspannt aber ungemein!), anfangen, mit den Fingerspitzen vorsichtig dein Gesicht abzutippen, so als würdest du nervös auf einer Tischplatte trommeln: Nase, Nebenhöhlen, Augenbrauen, Stirn, Schläfen, Wangenknochen, Kiefer, Schädeldecke,

Hinterkopf, Nacken, Ohren, hinter den Ohren die knöchernen Hervorwölbungen. Damit fängt die Vitalisierung an. Jetzt gehe langsam dazu über, mit den Handinnenflächen deine Schultern, Arme, Brust und Rücken, Po, Hüften, Beine und Füße – also deinen ganzen Körper – abzuklopfen. Dabei darfst du gerne wohlige Geräusche von dir geben: „Mmmh! Mmjamm! Oooh! Aaah!"

E) Nun können wir zum *Aufwärmen* des Körpers übergehen. Stelle dich aufrecht hin. Die Füße stehen in Hüftbreite, nahezu parallel am Boden. Fange langsam an, aus den Fußgelenken heraus zu federn. Die Zehen bleiben aber am Boden, während sich die Fersen heben und senken. Dann gehe allmählich ins Hüpfen über, so daß sich die Füße jedesmal ganz vom Boden lösen. Dabei kannst du deine Arme ausschütteln. Stelle dir vor, ein unsichtbares Band, an deiner Schädeldecke (Fontanelle) befestigt, verläuft bis in den Himmel und hält dich aufrecht. So wirst du locker und ohne Anspannung aufgerichtet. Danach schüttele auch deine Beine aus.

F) Jetzt können noch einige vorsichtige *Dehnübungen* folgen, um sich freier und leichter zu fühlen (z. B. in der Grätsche sitzend die Oberschenkelmuskulatur dehnen, durch Beugen des Oberkörpers in Richtung eines Beines).

Es ist wichtig, entspannt, aber wach, locker, aber konzentriert an die Arbeit zu gehen, um die nötige Spannung erzeugen und unnötige Spannung vermeiden zu können. Dabei sind mir diese Vorbereitungsübungen immer sehr behilflich.

Eine Laientheatergruppe könnte ihre Proben mit solchen Übungen beginnen, wenn sie viel Zeit hat, beispielsweise auf einer Freizeit.

3. Stimm- und Sprechübungen:

A) Anfangs ist es immer wichtig, *die Stimme im Körper wahrzunehmen*, also die Vibrationen zu spüren, die sie auslöst, und ebenso eine gute Verbindung bis zum Beckenboden hinunter (das ist der Schließmuskel- und Dammbereich). Wenn man den Po zusammenkneift, verspannt sich auch der Hals, was sich ungünstig auf die Stimme auswirkt. Deswegen muß der ganze

Körper in der richtigen, lockeren Spannung – nicht Verspannung! – sein. Um hierfür ein Gefühl zu bekommen, eignen sich besonders die sogenannten „Klinger“, die klingenden Konsonanten. Erzeuge wie in der Kuh-Übung lockere, länger angehaltene Töne mit den folgenden Konsonanten: „Mmmmmm“, „Www“, „Sss“ (stimmhaft), „Llll“, „Nnnn“, „Jjjjj“. Laß nach jedem Ton den Atem von alleine wieder in den Bauch „einfallen“. Atme nicht mit Anstrengung oder Druck. Gehe bei dieser Übung auch in die Hocke, oder lege dich auf den Rücken und ziehe die Beine an. Nimm wahr, an welchen Stellen im Körper du Vibrationen spüren kannst (bis hinunter in den Beckenboden oder sogar in die Füße). Es kann nicht überall gleich sein, aber je mehr Stellen du spürst, desto besser. Setze dich auf keinen Fall selbst unter Druck. Probiere immer wieder andere Haltungen aus, und spüre den Unterschieden nach – das ist wichtiger, als sich hier Ziele zu stecken, was, wo und wie stark es vibrieren sollte. Mit dieser und den folgenden Übungen schickst du die Stimme in den Körper und gibst ihr Glanz!

B) *Klinger mit Vokalanbindung:* Du kannst den guten Klang der Stimme bei den Klingern auch in die Vokale mitnehmen. Übungen dazu gehen folgendermaßen: Mmmuuu, wwwuuu, Lllluuu, ssssuuu. Später auch mit ooo, aaa, eee, iiii. Mit dem „U“ kannst du am besten die Verbindung nach unten in den Beckenboden herstellen. Je heller der Vokal (e, i), desto mehr kann dir die Stimme nach oben, in den Hals rutschen, was den Klang eng und weniger tragfähig macht.

Klinger mit Vokalanbindung: Ninge-nange, ninge-nange, ninge-nange, neng (oft wiederholen), singe-senge,... bzw. Lingelenge,... usw. Diese Übung eignet sich auch, um der Stimme einen weichen, hellen Glanz zu geben.

C) Eine weiterführende, relativ einfache *Sprechübung,* die auch für den Laien nützlich sein kann, um die Zunge beweglich zu machen und die Stimme zu stärken, ist (leichte Betonung auf der jeweils letzten Silbe):

Balla-la, balla-le, balla-li, balla-lo, balla-lu;
balla-lä, balla-lö, balla-lü,
balla-lei, balla-leu, balla-lau.

Diese Übung muß auswendig gelernt und zügig gesprochen werden können, sonst macht sie wenig Sinn. Hier ist es wichtig, den Kiefer so wenig wie möglich zu bewegen. Die Zungenspitze stößt sich (beim Übergang vom „l“ zum Vokal) von der Rückseite der oberen Schneidezähne ab und gibt den Mundraum für den Vokal frei. Verziehe auch bei der Vokalbildung möglichst wenig den Mundraum, sondern versuche, die Vokale offen erklingen zu lassen.

Das war wohl etwas sehr theoretisch. Einfacher ausgedrückt bedeutet das: Laß die Zunge springen! Der übrige Mund- und Kieferbereich arbeitet kaum bis gar nicht mit! Das gilt aber nur für diese Übung – damit die Zunge arbeitet. Am schönsten wird dieser Vorgang der reinen Zungenarbeit bei derselben Übung, nur mit veränderten Anfangskonsonanten:

Nalla- la, nalla-le, nalla-li,.../ Dalla-la,.../ Talla-la,...

Hier bewegt sich im Idealfall, bei mittlerer Mundöffnung, nur noch die Zunge!

Das ist wichtig für eine klare, unverzerrte Aussprache. Es sollten dem Luftstrom im Mund- und Rachenraum möglichst wenig Hindernisse entgegenstehen (die Mandeln brauchst du dir aber nicht gleich herausnehmen zu lassen...).

Diese „Balla-balla“-Übung eignet sich auch hervorragend zur Kräftigung der Stimme. Du kannst die Lautstärke langsam (über Tage und Wochen!) steigern, während du die Übung mit anderen Anfangskonsonanten wiederholst: Jalla-la,... Malla-la,... Salla-la,... usw. Hier sind es wieder die Klinger, die deiner Stimme einen guten Sitz geben. Aber aufgepaßt! Gehe ruhig bis an die Grenzen, nur übertreibe nicht. Bleib‘ locker, spanne nicht die Halsmuskeln an, und fang‘ nicht an zu brüllen. Sonst wirst du bald heiser. Du kannst dich im Spiegel kontrollieren: Sobald Adern am Hals hervortreten oder der Kehlkopf sehr hoch rutscht, machst du es mit zu viel Druck.

Diese Übungen allein sind natürlich kein Ersatz für eine vierjährige Schauspielausbildung. Aber sie können dir helfen, ein Gefühl für Körper und Stimme zu erlangen und deine bisherigen Möglichkeiten um ein Vielfaches zu verbessern.

4. Aufeinander achten

Jetzt möchte ich aus meinen Erfahrungen am Theater noch ein bißchen zur Situation auf der Bühne erzählen. Ich hatte bei einer Produktion, vor etwa einem Jahr, einmal das seltene Glück, mit einem hervorragenden Regisseur arbeiten zu dürfen, der sich völlig auf uns, seine Schauspieler, verließ. Er redete mit uns über die Hintergründe der Rollen, über ihre psychische Verfassung, über alle Situationen, die sie miteinander erlebten, ließ uns aber beim Spiel freie Hand. Sobald wir den Text konnten, improvisierten wir in jeder Probe das ganze Stück mit sehr wenigen Unterbrechungen durch, um uns danach darüber zu unterhalten.

Ich muß dazu sagen, daß eine solche Probenpraxis nur bei kleinen Besetzungen, wie in diesem Fall mit drei Schauspielern, auf einer kleinen Bühne, hier: das West-End Theater im Kölner Schauspielhaus, möglich ist. Ein großes, umfangreiches Stück muß von vornherein gut durchorganisiert sein.

Nun möchte ich aber ein paar kleine Tricks verraten, die wir aus dieser freien Methode gelernt haben: Als Schauspieler ist man meist (schon wegen des Berufs) etwas exzentrischer und geübter in bestimmten Verhaltensweisen, die auf ein sehr hohes Durchsetzungsvermögen schließen lassen. So kommt es denn immer wieder auf der Bühne vor, daß Kollegen sich nicht mehr ansehen, während sie „miteinander“ spielen und sich, langsam aber ungemein sicher, an die Rampe heranpirschen und nur noch mit dem Publikum flirten und schäkern, anstatt, wie es der Szene sicher angemessener wäre, auch den Partner ab und zu einmal anzuschauen. Einen so unkollegialen Schauspieler kann man sehr schön auflaufen lassen, indem man hinter seinem Rücken irgend etwas anderes spielt, um die Aufmerksamkeit des Publikums wieder auf sich selbst zu lenken.

Obwohl es vielleicht ganz unterhaltsam sein kann, einen solchen Schauspielerwettstreit um die Gunst des Publikums zu erleben, ist dies trotzdem sicher die tödlichste Methode, dem Theater den Garaus zu machen.

Wenn man also Schauspielern (auch Laien) einmal unerwartet völlig freie Hand läßt, darf man sich nicht wundern, wenn so etwas passiert. Also haben wir ein System eingeführt, das solche Situationen von vornherein unmöglich gemacht hat: Wenn einer von uns mit einem längeren Text zu sprechen hatte, spielte er sich weiter nach hinten und zog so die anderen beiden auf den vorderen Teil der Bühne. Diese mußten dem Publikum dann auch einmal den Rücken zeigen, wenn sie den ersten anschauen wollten, waren dafür aber bei ihren längeren Passagen ebenso an der Reihe, nach hinten zu gehen – wobei die jeweils anderen beiden wieder nach vorne mußten.

Wir haben dieses System sogar noch weiter ausgebaut, dadurch, daß wir demjenigen halfen, der gerade sprach: Wir spielten uns seitlich nach vorne und gaben ihm so Gelegenheit, gleichzeitig mit uns zu spielen, aber auch zum Publikum hin sichtbar und offen zu sein.

Daraus lassen sich einfache Grundregeln ableiten:

A) Die gerade *sprechende Person* bewegt sich möglichst in Richtung *Hintergrund,* um gleichzeitig zu den Partnern und zum Publikum spielen zu können.

Damit das Ganze nicht starr und zum offensichtlichen Muster wird, kann man noch weitere kleine Regeln hinzufügen:

B) Alle *agierenden Personen bewegen sich* jedoch *frei* oder nehmen immer wieder andere Positionen und Haltungen ein. Wenn zwei sitzen, sollte der dritte aufstehen, wenn zwei sich überhaupt nicht bewegen, kann einer unruhig werden usw., wobei sich Haltungen und Bewegungen immer aus der Situation ergeben müssen. Theater soll ja nicht wie ein Schachspiel ablaufen, sondern natürlich, lebendig und überraschend sein.

C) Aufpassen, daß sich *nicht alle Akteure in einer Ecke* der Bühne zusammenklumpen. Über die ganze Breite oder Tiefe der Bühne zu spielen, hilft auch dabei, nicht privat zu werden, sondern die Inhalte bis in die letzte Reihe zu transportieren.

D) Immer wieder *andere Konstellationen* finden. Jede Regel darf auch einmal gebrochen werden.

Diese Regeln lassen sich meines Erachtens auch gut in einer den Ablauf festlegenden Inszenierung anwenden. Man arbeitet erst die Situationen mit ihrer Psychologie heraus und legt dann nach und nach die Handlungs- und Bewegungsabläufe fest – eben aufgrund dieser Regeln.

Weitere wichtige Regeln:

E) Ein Schauspieler wird immer besser, je besser der *Partner* ist, mit dem er spielt – wie bei einer Kettenreaktion. *Lebendigkeit ist ansteckend* – aber genauso können sich auch Trägheit und Konkurrenzdenken übertragen.

F) Deshalb sollte jeder Spieler nur *für den Partner* spielen! Das gelingt folgendermaßen:

G) Versuche, dich in deinen Partner hineinzuversetzen, *ihm die Stimmung zu liefern, die er für seine Rolle braucht.* Wenn er weinen muß, dann schreie ihn an, lache ihn hämisch aus oder was dir alles Gemeines einfällt (zu deiner Rolle passend, mit deinem Text natürlich). Wenn er lachen muß, dann scheue dich nicht, dich lächerlich zu machen, komisch oder dumm zu sein. Versuche immer herauszufinden, was deine Partner brauchen, und spiele es ihnen zu.

Diese Partnerschaftlichkeit ist ja ein christlicher Grundsatz. Da sieht man mal wieder, daß das Christentum alles erneuern kann – sogar das Theater!

So wird Theater glaubhaft und lebendig, und das ist es, was wir uns auch für unsere Gemeinden wünschen.

Torsten Hebel: Das Entwickeln eines Bühnencharakters

Viele Wege führen nach Rom – und genau so viele Wege führen zum Kern einer Rolle, eines Bühnencharakters. Es gibt nicht den einen richtigen (oder falschen) Weg, sondern der Zweck heiligt hier wirklich die Mittel.

Der Weg, den ich vorstellen möchte, lehnt sich an den Regisseur und Schauspieler Konstantin Stanislawski (1863–1938) an. Er war ein Fanatiker der Wirklichkeitstreue. Alles auf der Bühne mußte echt sein. Er entwickelte eine Reihe von psychotechnischen Improvisations- und Konzentrationsübungen, um die Vorstellungs- und Handlungskraft seiner Schauspieler zu aktivieren.

Er betonte vor allem das „Einfühlen" in die Rolle. Mein Weg ist aber doch durch jahrelanges Ausprobieren gewachsen – und zwar so, wie es die jeweilige Rolle von mir forderte. Ich möchte diesen Weg in drei Teilen skizzieren:

1. Informationen über den Charakter sammeln
2. Die Informationen auf den Text projizieren
3. Das Erleben des Charakters aufgrund dieser Informationen (einfühlen)

1. Informationen über den Charakter sammeln

Es geht darum, auf der Bühne eine dreidimensionale Person darzustellen, d. h. keine Karikatur, sondern einen Charakter, der mit all seinen Schwächen und Stärken das Stück und den Text trägt oder doch zumindest mitträgt.

Diese drei Dimensionen gliedern sich in das *psychologische Element* (warum handelt die Figur so?), das *emotionale Element* (welche Antriebe und Motivationen bestimmen die Figur?) und das *spirituelle Element* (welche Überzeugungen und Weltanschauungen hat die Figur?). Ich als Darsteller muß den Charakter kennen, ich muß so viel Informationen, wie eben möglich über ihn bzw. die Rolle sammeln. Je mehr Informationen ich mir über eine Rolle aneignen kann, desto bewußter und sicherer kann ich diese Person auch darstellen. Diese Informationen beziehen sich übrigens nicht nur auf Fragen, die direkt mit dem jeweiligen Stück zu tun haben, sondern gehen darüber hinaus. Es genügt z. B. nicht, allein den Text des Charakters zu beherrschen und eine ungefähre Vorstellung von ihm zu haben. Es geht nicht darum, eine Rolle pantomimisch nachzuspielen oder zu kopieren. Wenn er ein *realer* Mensch ist, wenn diese Rolle etwas mit *realem* Leben zu tun hat, dann muß ich mich als Schauspieler bemühen, *reale* Informationen zu bekommen, auf die ich meine Emotionen und die Psychologie meines Charakters aufbauen kann.

Ganz konkret: Ich kenne von einer Rolle den Text und die Regieanweisungen. Ich weiß, wie der Regisseur sich die Rolle vorstellt und welche Idee der Autor beim Schreiben des Stückes über den Charakter hatte. Doch was ist mit all den anderen Informationen? Welche Kindheit hatte die Figur? Wieviele Geschwister? Wo ist sie aufgewachsen? Welche Beziehung hatte sie zur Mutter? Welche zu ihrem Vater? Sind die Eltern geschieden, oder führen sie eine glückliche Ehe? Welche Schulbildung hat der Charakter? Was sind und waren seine Träume und Visionen, seine Antriebe im bisherigen Leben?

Es gibt tausende Fragen, die man dem Charakter stellen kann. So wie unsere Vergangenheit uns ausmacht, hat auch der Charakter eine Vergangenheit, die ihn ausmacht, die ihn zu dem macht, der er ist. Die Rolle fängt eben nicht erst auf der Bühne an zu leben. Ich muß einen Vorbau, eine sogenannte *Legende* entwickeln, eine Vergangenheit, die ihn zu dem macht, der er in diesem speziellen Stück ist. Dies kann mitunter eine spannende Angelegenheit sein, denn vieles muß ich als Schauspieler beantworten. Alles, was durch das Stück selbst nicht gegeben ist, muß ich „erfinden". Und doch muß alles zueinander passen. Es ist wie das Komponieren eines Musikstückes. Es können Pausen und Brüche darin sein, laute und leise Passagen, doch ein Ton baut auf dem anderen auf, und zum Schluß hat man eine Partitur aus einem Guß.

Ich persönlich benutze oft den Aufnahmebogen einer befreundeten Psychologin. Immer wenn sie neue Patienten bekommt, müssen diese einen Fragebogen (60 Seiten) ausfüllen, der systematisch ihre Lebensgeschichte und bestimmte, alltägliche Verhaltensweisen abfragt. Solch einen Fragebogen kann man sich auch selber erstellen, doch alle Fragen, die ich über meine Rolle beantworte,berücksichtigen:

was das Stück über den Charakter aussagt,
was der Regisseur über den Charakter sagt,
was ich bisher von dem Charakter entwickelt habe,
wer ich als Schauspieler bin.

Ich muß mit diesen Antworten natürlich auch mir als Person treu bleiben.

Ein *Beispiel:* Nehmen wir an, ich hätte Petrus darzustellen. Die Szene spielt kurz nach der Kreuzigung. Petrus hat Jesus gerade verleugnet, und der Hahn kräht. Wir lesen dort in Lukas 22, 62: *„Und Petrus ging hinaus und weinte bitterlich."*

Können Sie sich vorstellen, welche innerlichen Qualen Petrus hier empfunden haben muß? Jesus war sein bester Freund. Er war außerdem der Messias, für den er alles verlassen hatte. Und er hat ihn gerade verleugnet. Sein Scheitern und sein Versagen sind so schlimm, daß er wahrscheinlich körperlich zusammengebrochen ist. Wie kann ich als Schauspieler nun diese Szene real 'rüberbringen?

Würde ich (Torsten) als Petrus den Fragebogen beantworten, so versuchte ich, die Antworten des Petrus bezüglich des Fragebogens meinem eigenen Scheitern mit Jesus nahezubringen. Wie oft habe ich Jesus verleugnet durch meine Taten und Handlungen? Wie oft bin ich schuldig geworden? Wie oft habe ich schon geweint, weil ich meine Unfähigkeit erleben mußte, als Christ zu leben? Ich kann förmlich fühlen, was Petrus erlebt haben muß. Ich verstehe ihn, weil die Antworten, die ich gebe, etwas mit mir und meinem Leben zu tun haben.

Alles muß am Ende aufeinander aufbauen. Man mag jetzt fragen: Warum sollte man sich soviel Mühe mit dem Entwickeln eines Charakters machen? Die Antwort ist relativ einfach: Weil wir unsere Rolle dann besser und überzeugender spielen können. Man weiß zwar „bewußt" die ganzen Fakten nicht mehr, während man auf der Bühne den Charakter darstellt, im Unterbewußtsein jedoch wird eine Sicherheit über den Charakter entwickelt, die sich beim Spielen deutlich bemerkbar macht. Als reale Personen leben und handeln wir ja auch nach den Fakten und Informationen (Erfahrungen) unserer Vergangenheit, ohne diese immer bewußt vor Augen zu haben. Wenn mich jedoch jemand fragt, wo ich zur Schule gegangen bin und wie meine Klassenlehrerin hieß, kann ich diese Frage sofort beantworten.

Auch könnte ich ebenso sofort Auskunft darüber geben, ob ich in der Schule beliebt war und welche Emotionen es bei mir auslöst, wenn ich an meine Kindheit denke.

Diese Fragen müssen auch von dem Charakter beantwortet werden können, den ich darstelle.

Natürlich werden wir niemals einen Charakter so real entwickeln können, wie wir uns selbst erleben, aber wir können eine gute Basis schaffen, um überzeugend und wirklichkeitsgetreu einen anderen Menschen auf der Bühne darzustellen.

2. Die Information auf den Text projizieren

Nehmen wir einmal an, wir haben jede Menge Informationen über den Charakter (die Rolle) gesammelt und alle Fragen des Fragebogens beantwortet. Was kommt jetzt?

Wie vorhin schon erwähnt, entwickelt unser Unterbewußtsein bei dieser „Informationssammlung" eine gewisse Eigendynamik. Es verleiht dem Charakter auf jeden Fall Sicherheit, im Fachjargon eine sogenannte „Bühnenarroganz" (Ausstrahlung von Sicherheit, im positiven Sinne zu verstehen).

Aus meinem Lebenslauf und den beantworteten Fragen ergeben sich verschiedene Hauptstränge, bestimmte Handlungsmuster. Bin ich eher ein aggressiver Charakter oder ein defensiver? Ein extrovertierter oder ein introvertierter? Ein Mensch, der viel aus dem Bauch heraus lebt oder mehr vom Kopf her bestimmt ist?

All diese Tendenzen kann man jetzt, nachdem wir den Fragebogen für den Charakter ausgefüllt haben, herausarbeiten.

Ich nehme mir das Stück, also meinen Text, und versuche jede Handlung und jeden Satz, den ich zu sprechen habe, im Licht dieser Vergangenheit zu begründen. Ich erkenne die Motivationen und Antriebe, aus denen heraus der Charakter in der Szene wütend oder scheu reagiert. Ich markiere die Textpassagen in verschiedenen Farben, z. B. rot für Wut und Aggression, blau für kühl und ablehnend, gelb für Freude und Lebendigkeit usw. Außerdem schreibe ich in kurzen Schlagworten meine Motive an den Rand neben den Text.

Diese visuelle Stütze hilft mir persönlich, den Fluß und den Aufbau meiner Gefühls- und Denkentwicklung zu verinnerlichen. Ich lese das Stück jetzt nicht mehr nur in Worten, sondern in Wort und Gefühl, da ich ja beides sofort visuell erfassen kann. Durch die intensive Vorarbeit (das Sammeln der Informationen) kann ich sicher gehen, daß meine Gefühle und Gedanken auch zu dem passen, was der Charakter ursprünglich (vom Regisseur und Autor vorgegeben) ausdrücken soll. Ich gebe hiermit jedem Satz und jeder Bewegung eine Bedeutung. Nichts geschieht „einfach so“, sondern *alles* hat Bedeutung, einen Sinn.

Der Hauptteil meiner Vorarbeit drückt sich in meinem Augenkontakt aus. Hier zeigt sich die Wirklichkeit meines gespielten Charakters. Mit meinem Körper kann ich mit Leichtigkeit gewollt Signale und Nachrichten senden und empfangen (Körpersprache), indem ich einfach bestimmte Haltungen und Körperpositionen einnehme. Ich brauche den Gefühlszustand nicht eigentlich zu fühlen, um dies zu tun. Auch meine Worte sind mit etwas Übung ausdrucksstark und der Situation, auch ohne wirklich gefühlte Emotionen, angepaßt. Aber was ist mit meinen Augen?

3. Das Erleben des Charakters aufgrund dieser Informationen

Hier zeigt sich, ob der Charakter *real,* also wirklichkeitsgetreu ist, oder nicht. Man kann den Ausdruck der Augen nicht mutwillig verstellen, so wie man es mit seinen Gesten und seiner Mimik tun kann. Um den richtigen Ausdruck in den Augen zu haben, muß ich das Gespielte „fühlen“.

„Die Augen sind die Fenster zur Seele“: Dieser Satz drückt aus, was hinter dem Blick eines Menschen steht. Was in mir ist, was ich fühle und innerlich erlebe, zeigt sich durch meine Augen (Mattäus 6, 22 sagt ähnliches aus!). Das Geniale an dem

Ausdruck unserer Augen ist, daß die Zuschauer sogar noch von der zwanzigsten Reihe her beurteilen können, ob ich durch meine Augen den Charakter projiziere oder nicht. Als Zuschauer „fühlt" man die Realität eines Charakters.

Konstantin Sergejewitsch Stanislawski hatte genau dies erkannt. Er veränderte die Theaterlandschaft zu Beginn des 20. Jahrhundert maßgeblich. Bis dahin wurde Theater in ausladenden Gesten und theatralischen Gebärden gespielt. Dies geschah, ohne daß der Darsteller den Charakter unbedingt fühlen oder „verstehen" mußte. Stanislawski schickte seine Schauspieler, die er anläßlich einer Inszenierung von Maxim Gorkis „Nachtasyl" engagiert hatte, einige Nächte lang in die öffentlichen Schlafsäle Moskaus. Hier sollten die Schauspieler nicht nur sehen (Informationen sammeln), wie die Ärmsten lebten, sondern es auch riechen, schmecken und fühlen (erleben). Stanislawski wollte, daß seine Schauspieler diese Realität auf der Bühne wiedergaben.

Siebzig bis achtzig Prozent unserer Kommunikation verläuft über den Augenkontakt. Ein Blick sagt oft mehr als tausend Worte. Deshalb eben zeigt sich ein gut entwickelter Charakter auch zu einem hohen Prozentsatz in unseren Augen.

Wir müssen als Schauspieler die Fähigkeit entwickeln, auf gedachte, nicht vorhandene Reize zu reagieren. Wir müssen lernen, eine „Tastatur der Gefühle" zu entwickeln, um möglichst tiefen, realen Augenkontakt zu erreichen.

Um hier einen sensiblen und tiefen Umgang mit der Rolle zu erreichen, möchte ich *einige Tips* geben:

1. Schreibe als Charakter ein Tagebuch. Was hat er in der letzten Zeit, auch in bezug auf die anderen Charaktere im Stück, erlebt?
2. Schreibe Briefe an fiktive Personen, die den Charakter in der Vergangenheit geprägt haben.
3. Setz dich in ein Café und beobachte Menschen. Schreibe Gesten, Blicke, Charaktereigenschaften auf, die zu deiner Rolle passen würden.

4. Wenn du alleine bist, lebe für eine begrenzte Zeit deine Rolle in alltäglichen Umständen aus. Wie macht er Kaffee? Wie putzt er sich die Zähne? Wie geht er?

5. Stell' dich vor den Spiegel und versuche durch den Ausdruck deiner Augen (nicht durch das Bewegen der Augenbrauen!) bestimmte Emotionen wie Trauer, Freude, Verliebtsein etc. auszudrücken.

Diese Übungen helfen, mit allen Sinnen und Gefühlen einen anderen Charakter darzustellen und ihn zu erleben. Erleben in diesem Kontext heißt eben, ihn zu fühlen, denn unsere Gefühle werden durch unseren Augenkontakt projiziert.

Wie eingangs schon gesagt: Jeder hat seine eigene Methode, einen Charakter lebendig zu machen. Ich bin mehr der „visuelle Typ", ich brauche solche Hilfen wie die Farbmarkierung im Text usw. Doch egal was wir als Schauspieler unternehmen, unser Ziel muß es sein, eine Illusion von Wirklichkeit auf die Bühne zu bringen. Wir müssen den Zuschauer abholen, ansprechen, emotional packen, um eine reale Botschaft 'rüberzubringen. Die beste Botschaft der Welt verdient die beste Vorbereitung auf die Rolle!

Christine Wander: So spiele ich Theater

Schon in der Schule hat mich die Theater-Leidenschaft gepackt. Mit 16 wollte ich Schauspielerin werden. Eigentlich wäre ich noch lieber Ballettänzerin geworden, aber ich mußte einsehen, daß wegen meiner Füße und Figur keine guten Aussichten auf eine Ballett-Karriere bestanden. Meine Eltern machten zur Bedingung, daß ich einen Beruf erlernen oder das Gymnasium abschließen sollte, bevor ich die Schauspielschule in Angriff nehmen und meinen Mädchentraum verwirklichen könnte. So ging ich ohne große Begeisterung aufs Gymnasium, wo ich immerhin eine Theatergruppe leiten durfte und viele Ferien hatte. Nach dem Abitur bestand ich die Aufnahmeprüfung am Konservatorium für Musik und Schauspiel in Bern. Die Ausbildung dauerte vier Jahre.

In New York kam ich zum Glauben. Nachdem ich mich für ein Leben mit Jesus entschieden hatte, kamen meine Theatervorstellungen und Vorstellungen vom Theater etwas durcheinander. Ich entschied mich, dem Theater eine Zeitlang den Rücken zu kehren und absolvierte eine zweijährige Bibelschule in Bad Gandersheim. Nach Abschluß dieser Ausbildung bin ich in die Schweiz zurückgekehrt, wo ich Mühe hatte, meinen Platz auf der Bühne zu finden. Ich entschied mich für eine weitere Ausbildung: Seit drei Jahren lasse ich mich an der Universität Bern zur Sekundarlehrerin ausbilden.

Wie spiele ich Theater? Eigentlich jedesmal neu, immer anders als zuvor. Sehr stark lasse ich mich von der Aufgabe und den Menschen berühren. Alle Beteiligten sind für mich wie das Rohmaterial, aus dem das Werk entstehen wird. Sie inspirieren mich zu neuen Ideen und Umsetzungen. Ich will hier etwas vom Theaterschaffen aus der Sicht des Regisseurs beschreiben:

1. Begegnung

Begegnung heißt, eine Beziehung aufzubauen, Vertrauen entwickeln. Dazu gibt es viele Übungen, die man in verschiedenen Theaterbüchern finden kann, u. a. *das „Hallo"-Sagen mit verschiedenen Körperteilen,* während man sich in die Augen schaut. Ich beginne meistens mit der *„Pilotübung"*: Je zwei Personen spielen zusammen – ein „Pilot" und ein „Blinder". In der

1. STUFE führt der Pilot den Blinden durch den Raum. Er hält ihn dabei an beiden Händen. In der

2. STUFE führt er den Blinden nur noch mit einem Finger. In der

3. STUFE führt der Pilot den Blinden durch Geräusche mit dem Mund (Ton, Laut, Wort).

Diese Übung deckt drei wichtige Punkte des Schauspielens ab: Die Abhängigkeit und das Vertrauen zueinander werden geübt, der Raum wird entdeckt und die Stimme trainiert. Diesen Effekt erkläre ich jeweils erst, wenn die Übung beendet ist, damit deutlich wird, daß Theater sehr viel mit Alltäglichem, Instinkt und Spontaneität zu tun hat.

2. Das Spielen

Die Aufgabe ist das Darstellen einfacher Situationen auf der Grundlage der „sieben W":

1. „WER" bin ich? (Rolle)
2. „WO" bin ich? (Ort des Geschehens)
3. „WANN" bin ich? (Wetter, Uhrzeit, Jahreszeit)
4. „WARUM" bin ich? (Motivation)
5. „MIT WEM" bin ich? (Welche Beziehung besteht zu den anderen Rollen?)
6. „VON WO" komme ich? (Was habe ich gerade getan?)
7. „WOHIN" gehe ich? (Was ist mein Ziel, meine Absicht, mein nächstes Tun?)
8. „WAS habe ich für einen TICK ?"
   (ausgeprägte Gewohnheit)

Diese „sieben W" verwende ich als Grundlage für eine Rollenannäherung in der Form von Improvisationen. Durch das Spielen verschiedenster kleiner Szenen findet der Spieler zum Charakter seiner Rolle. Der Fragenkatalog der „sieben W" gibt jedem Spieler ein sicheres Gerüst, auf dem er sich bewegen kann. Durch die Vielfalt der Aufgaben ist er vom Druck des „Ich muß schauspielen" abgelenkt. Dabei sollte jeder Spieler möglichst viel von seiner Persönlichkeit einfließen lassen. Dadurch gewinnt sein Spiel an Natürlichkeit und Ehrlichkeit.

3. Stückbearbeitung

Es braucht viel Vorarbeit, um die beste Besetzung zu finden. Bei dieser wichtigen Phase unterscheide ich, ob ich mit Profis spiele oder mit Laienschauspielern. Ich bin der Meinung, daß gerade bei Laien die Rolle dem Spieler auf den Leib geschrieben sein sollte. Bei Laien müssen die Texte oft überarbeitet und „mundgerecht" zugeschnitten werden. Dies bedeutet für den Regisseur und den Spieler ein hartes Stück Arbeit.

Als erster Schritt dieser Rollenbearbeitung lasse ich die Spieler ihre Rolle in zwei Sätzen *schriftlich* charakterisieren, wenn ich von einem geschriebenen Stück oder einer Geschichte ausgehe. Ist der Text umgearbeitet, wird der Stückablauf gegliedert. Zur Erarbeitung der Dialoge werden untereinander Stichworte abgesprochen und die Stichworte des vorgängigen Spielers ebenfalls auswendig gelernt.

4. Tips zum Auswendiglernen

Es gibt tausend Wege, einen Text zu memorieren. Jeder muß seine eigene Taktik finden. Ich habe verschiedene Methoden entwickelt. Hier stelle ich zwei kurz vor, die mir besonders hilfreich erscheinen:

A) Jedes Wort, ob kurz oder lang, ob Verb oder Nomen, betone ich genau gleich. Ich deklamiere den Text monoton und nehme es auf Tonband auf. Dadurch vermeide ich, daß sich falsche Betonungen einschleichen, und ich kann die verschiedenen Bedeutungen eines Satzes eher erkennen. Ich kann „frei" mit dem Text umgehen und auf die Vorstellungen des Regisseur eingehen.

Das Tonband lasse ich dann oft laufen. Ich höre es immer wieder, während ich spaziere oder den Haushalt mache und wiederhole den gesprochenen Text genauso monoton wie auf der Vorgabe.

B) Eine zweite Methode habe ich in New York gelernt. Sie beruht auf der Theorie des „Sense Memory". Ich benutze diese Methode, wenn ich selbständig (d. h. ohne Regisseur) eine Rolle erarbeite:

Zu jedem Verb im Text denke ich mir ein Bewegungselement aus, das ich dann mit einer Geste (oder auch nur in Gedanken) ausführe. Steht beispielsweise im Text der Satz: „Du gehst mir auf den Geist“, präge ich mir dazu als Bewegungselement einer Ohrfeige ein. Je nachdem, was mir besser dient, führe ich diese Ohrfeige mit einer Bewegung aus oder stelle sie mir in Gedanken vor. Ich mag die Methode des „Sense Memory“, da sie unser emotionales und physisches Gedächtnis anspricht. Sie verbindet Gefühle und Bewegungen mit dem Text, der sich dadurch leichter einprägt.

5. Körpertraining

Unter Körpertraining werden im Theater alle Elemente bezeichnet, die es dem Spieler ermöglichen, seinen Körper und seine Gefühle als Ganzes zu erfassen, damit zu arbeiten und so einer Rolle zum Leben zu verhelfen.

Ein Körpertraining ist oft schwer durchzuführen, insbesondere mit Jugendlichen, da sie gerade dabei sind, ihre Körper und Gefühle zu entdecken und Hemmungen haben, das Entdeckte zu offenbaren und auf eine Rolle zu projizieren.

Um Hemmungen abzubauen ist es nötig, alle Beteiligten gemeinsam zu aktivieren. Am erfolgreichsten habe ich bisher mit einer „Abenteuerreise“ gearbeitet. Bei diesem Training merken die Beteiligten gar nicht, daß sie sich emotional und körperlich engagieren.

Ich lasse sie mit geschlossenen Augen auf einer imaginären Wiese Platz nehmen und erkläre das Umfeld, die Stimmung anhand von genauen Beschreibungen, etwa von Lauten, Gerüchen, Farben. Ich lade sie dann ein, aufzustehen und Holz zu suchen. (Sie führen die Bewegungen aus.) Dabei begegnet ihnen ein Bär. (Sie drücken Angst aus.) Sie rennen davon, verirren sich im Wald, finden eine verlassene Hütte, es wird dunkel... Je nach Thema treffen sie auf Personen, denen sie dann mit Angst, Haß, Leidenschaft und Liebe oder Verachtung begegnen. So wird spielerisch der Körper eingesetzt. Durch die Vielzahl von Übungen wird auch die Kondition gestärkt.

6. Entspannung

Das Theaterspielen ruht auf dem Prinzip von Spannung und Entspannung. Die Entspannung wird durch gezielte Übungen erreicht.

Ein entspannter Körper ist entscheidend für eine gelungene schauspielerische Leistung. Das ist bei jungen Spielern oft nicht leicht zu erreichen. Sie haben Angst, loszulassen, ihre Haltung aufzugeben und sich etwas Unbekanntem zu öffnen. Insbesondere fürchten sie, manipuliert zu werden, sich spirituellen/okkulten Einflüssen auszusetzen etc.

Als Grundlage für meine Entspannungsübungen verwende ich ausschließlich „christliche" Musik. Ich arbeite viel mit der Suggestion von Bildern, insbesondere aus der Natur. Ich fordere dann auf, sich selbst etwa als Blatt einer Seerose vorzustellen. Oder ich rege an, eine Reise durch den Körper in Angriff zu nehmen.

Bei diesen Übungen ist es mir besonders wichtig, genaue Anleitungen zu geben, was sich die Teilnehmer vorstellen sollen. Dadurch vermittle ich ihnen Sicherheit.

7. Atmen und Sprechen

Für das erfolgreiche Spielen einer Rolle ist eine gute Stimmführung wichtig. Sie beruht auf eine sichere Atem- und Sprechtechnik.

In einer mehrjährigen Schauspielausbildung haben Atmen und Sprechen einen gewichtigen Platz im Stundenplan. Es ist immer eine große Herausforderung, im Rahmen eines kurzen Schauspielkurses die wesentlichen Elemente der Sprechtechnik zu vermitteln. Dabei sind folgende Grundlagen hilfreich:

A) Den physiologischen Vorgang der Atmung erklären.

B) Die eigene Zwerchfellatmung bewußtmachen. Dabei legt man die Hände auf die Flanken und läßt den Spieler atmen.

C) Durch die Buchstabenfolge „F–S–Sch" das Zwerchfell aktivieren. Diese Konsonanten werden bewußt und in endlosem Turnus wiederholt: „F–S–Sch–F–S–Sch–F..." Dabei muß der Atem zwischen jedem Konsonanten gleichmäßig fließen. So wird das Zwerchfell trainiert, und es hat die Möglichkeit, tragfähig zu werden und eine lautere Stimme zu entwickeln.

D) Eine andere Atemübung, die zusätzlich oder anstatt der vorhergehenden Übung durchgeführt werden kann, ist die „Ha–Ham–Ma“-Übung. Diese Übung hilft, den Atem für längere Sätze einzuteilen.

Dabei steht jeder Spieler mit nach unten gestreckten Armen aufrecht. Beim Einatmen hebt er die Arme gerade gegen den Himmel. Beim Ausatmen läßt er die Arme und den ganzen Oberkörper kontrolliert nach unten gleiten, so daß er bei fast gestreckten Beinen mit den Fingerspitzen den Boden berührt. Während dieser Ausatmung spricht der die Silbenfolge „Ha–Ham–Ma“.

All diese Übungen werden Ihnen helfen, in die Rolle einzusteigen – aber sie ersetzen natürlich keine Ausbildung.

Ariane Weidmann: Wahrnehmen – Zuhören – Aufnehmen

Ariane Weidmann besuchte die Neue Münchner Schauspielschule, hatte Engagements an der Badischen Landesbühne, in München, am Stadttheater Nürnberg sowie bei Film, Funk und Fernsehen. Sie ist seit 15 Jahren Christ und seit zehn Jahren verheiratet:

Wenn ich einen Text lerne, dann lese ich erst einmal sehr aufmerksam die Passage, die ich mir vorgenommen habe, durch und versuche, zunächst den Inhalt zu *verstehen:* Welche logischen Folgerungen stecken hinter manchen Aussagen – warum und wie kommt die Rolle zu diesem oder jenem Gedankengang?

Je schlüssiger mir die Zusammenhänge der Gedanken in diesem Dialog oder Monolog sind, um so leichter kann ich mir den Text merken, weil ich dann dazu *Assoziationen* habe. Wenn es mir noch nicht klar ist, weil ich zu wenig über die Rolle weiß, muß ich mir eine *Gedankenbrücke* bauen oder mir den Text visuell einprägen. In der Anfangsphase der Proben ist diese Methode noch hilfreich. Später brauche ich diese Hilfe nicht mehr.

Ich versuche übrigens auch die Parts meines Partners im Groben mitzulernen (zumindest inhaltlich), um nicht nur das Stichwort zu kennen (so wie der schlechte Schmierenkomödiant, der erst bei seinem Stichwort wieder „aufwacht“ und weiterspielt). Ich lese den Text immer und immer wieder laut und versuche dann die Sätze schon aus dem Kopf zu formulieren, indem ich sie verdecke und nur den Text von meinem Partner lese. Ich korrigiere meinen Text dann auch gleich, indem ich nachlese, ob mein Gesprochenes auch gestimmt hat. Der Text sollte schließlich wortwörtlich sitzen. Falls ich mit einer Satzkonstellation oder einem Wort nicht klarkomme, versuche ich mir den Text *mundgerechter* zu formulieren, wobei das natürlich mit den anderen Mitspielern und dem Regisseur abgeklärt werden muß.

Übrigens unterstreiche ich meinen Text immer mit einem Leucht- oder Buntstift, um ihn mir besser einzuprägen. Bevor man sich ans Textlernen macht, sollten möglichst Textänderungen von Seiten der Spielgruppe oder des Spielleiters (Regisseur) bereits gelaufen sein, da es sehr schwierig ist, etwas umzulernen.

Wenn die Schauspieler dann zur ersten Probe zusammenkommen, sollten sie *gemeinsam ihren Text laut durchlesen und sich gemeinsam Gedanken über die Situation und die Figuren machen:* Woher kommen sie? Wie ist die Umgebung, die Stimmung etc.? Sie können die Szene oder die Situation kurz improvisieren, die vielleicht dieser Szene vorangegangen sein mag. Improvisieren heißt, mit viel *Phantasie* eine fiktive Situation zu spielen – entweder als „man selbst“ oder bereits in der Rolle. Dabei kann man ganz gut herausfinden, wie diese Rolle sich verhält; es erweitert damit das Spektrum dieser Figur. Man kann einfach erst einmal die Rolle so nah wie möglich an sich *heranziehen*. Ich versuche, mir die Situation, in der sich die Person gerade befindet, auf mich und mein Leben hin vorzustellen: Wie würde ich mich selbst verhalten? Oder ich versuche, mich zu erinnern, wie ich mich vielleicht in einer vergleichbaren Situation verhalten und mich dabei gefühlt habe. Meistens geschieht das einfach intuitiv während der Improvisation oder der richtigen Probe mit Text und den anderen Akteuren.

Ich versuche mir außerhalb der Proben auch immer wieder Gedanken über die Figur zu machen und schreibe z.B. eine *Biographie* zu dieser Figur. Ich bestimme ihr Alter und schreibe grob ihren Lebenslauf, Geschwisterkonstellation, Elternbeziehung, Umfeld etc. auf. Ich frage mich auch, ob diese Rolle Gott kennt oder nicht. All das, was ich über diese Person in meinen Gedanken festlege, wird sich auf mein Spiel auswirken. Es wird runder und natürlicher sein.

Ich überlege mir auch, was für ein Tier oder welche Pflanze, welcher Stoff etc. die Rolle wäre. Welche besonderen Eigenheiten könnte diese Figur haben, z.B. Bewegungen, Gang, sprachliche Ticks? Wichtig ist für mich auch immer herauszufinden, wie sich die Figur kleidet. Wenn ich das „Kostüm“ kenne und ganz besonders die richtigen Schuhe für diesen Typ Mensch gefunden habe, dann weiß ich in der Regel, mit wem ich es zu tun habe. Nebenbei bemerkt, ich gucke auch bei meinen Mitmenschen gern, was sie für Schuhe tragen und mache mir meinen Reim daraus. Übrigens macht es mir immer Spaß, Menschen zu beobachten, Typen zu analysieren und mir auch bestimmte Situationen einzuprägen. Das hilft mir, soviel Charakterzüge zu kennen wie nur möglich. Erstens lebt man bewußter, kennt seine Mitmenschen besser und hat mehr Verständnis. Zweitens ist es einfach fürs Theaterspielen hilfreich, um nicht immer nur sich selbst spielen zu können. Ich versuche, privat auch immer hinter die Kulissen meines Gegenübers zu gucken. Warum ist er so? Was hat ihn so geformt?

Im Laufe der Zeit entwickelt man ein *Gedächtnis für Gefühle und Situationen* aus dem Alltag. Und doch ist der Weg, aus einem papiernen Menschen einen aus Fleisch und Blut werden zu lassen, ein individueller Prozeß.

Manche Rollen liegen einem, weil man sie irgendwoher kennt oder sie einem selbst sehr ähnlich sind. Andere wiederum sind schwer zu ergründen. Die Figur wirklich zu finden und sie nicht nur zu spielen, sondern selbst zu sein, ist von vielen Faktoren abhängig: von einem guten Stück, einer Rolle, die viele Seiten zeigen kann (aufgrund des Textes), einer guten Zusammenarbeit, einem guten Regisseur und eigener Gedankenarbeit mit freiem Ausprobieren – nicht zu vergessen: der eigenen Phantasie!

Improvisationen funktionieren übrigens nur richtig, wenn man viel voneinander aufnimmt und darauf reagiert. Es ist gewissermaßen ein Reaktionstraining. Die Handlung entsteht nämlich nur aus einem Miteinanderspielen, bei dem vorher ein paar Pfeiler abgesteckt werden: wo wir sind, was wir wollen und wohin. Dann wird gespielt. Der Dialog wird bei der Improvisation gemäß der Situation frei und spontan erfunden. Wenn die Akteure gut *aufeinander eingehen,* kann das nicht nur sehr spannend sein, sondern auch viel Spaß machen. Bei solchen Improvisationen werden die Wahrnehmungsfähigkeit, die *Spontaneität* und die *Reaktionsfähigkeit* trainiert. Während der Improvisation kann man ganz vom eigentlichen Text weggehen und mit frei formulierten Sätzen die Szene spielen. Oder aber man bleibt beim Text und läßt Gedanken und Gefühle laut mit einfließen, sozusagen den Text zwischen den Zeilen, den sogenannten *Subtext.*

Diesen Subtext behalte ich dann im Hinterkopf, wenn ich später nur noch den geschriebenen Text in der Szene spiele. Aber dann weiß ich, wie ich von einem Gedanken oder Satz zum nächsten finde – besonders wichtig bei großen Gedankensprüngen der Rolle.

Übrigens ist es von äußerster Wichtigkeit, daß wir beim gemeinsamen Spiel lernen, einander wirklich *zuzuhören!* Also nicht zuhören zu spielen, sondern wirklich zuzuhören. Erst dann können unsere Reaktionen angepaßt und natürlich kommen. Andernfalls bleibt es nur gespielt.

Genauso auch beim Einander-Ansehen! Sich wirklich anzusehen und nicht nur dem anderen ins Gesicht oder in seine Richtung zu stieren, heißt, *aufnehmen,* wie mein Spielpartner gerade schaut, seine Mimik, sein Ausdruck, seine Bewegungen aufzunehmen! Das läßt mich wiederum natürlich und frisch reagieren, weil es in mir etwas auslöst. Dadurch werden die Figuren lebendig. So wäre es z. B. möglich, wenn mein Partner plötzlich im Text hängen bliebe, mit ein paar geschickt eingeflochten Worten sinngemäß seinen Text aufzugreifen und ihm zuzuspielen. Wenn ich aber gar nicht richtig zugehört habe und nur auf mein Stichwort warte, das dann ausbleibt, sitzen wir beide fest, und die Peinlichkeit nimmt ihren Lauf!

Also: Ansehen – Wahrnehmen – Zuhören – Aufnehmen!

Was tue ich aber, wenn ich meinen Partner lieben soll, und ich finde ihn unsympathisch und häßlich? Wie sieht es dann mit der Wahrnehmung aus? Mit Hilfe meiner Imagination (Vorstellungskraft) versuche ich, etwas Liebenswertes (hat jeder Mensch) an ihm *besonders hervorzuheben.* Ich konzentriere mich gezielt auf dieses Detail, wenn ich meine Liebe zu ihm ausdrücken soll. Eine andere Möglichkeit ist, *meine Zuneigung zu einem mir liebenswerten Menschen auf meinen Spielpartner zu projizieren!* Ich denke, da muß man selbst Tricks finden.

Wenn man z. B. einen schwierigen Auftritt hat, in dem man schon sehr aufgebracht oder abgehetzt sein muß, ist es hilfreich, in Improvisationen die Situation, die vorausgegangen sein muß, öfter zu spielen (wenn möglich), um zu erspüren, wie sich das anfühlt – um es sich dann nachher mit Hilfe des emotionalen Gedächtnisses zurückzurufen.

Wenn wir z. B. rennen, wird unser Atem schneller, wir hecheln oder sind sogar „außer Atem“. Bringe Dich außer Atem, renne, und spüre dem nach! Reproduziere dieses „Außer-Atem-Sein“, ohne daß Du vorher so gerannt bist, allein indem Du Deinen Atem dahingehend manipulierst. Mit anderen Worten: Atme so schnell, bis Du außer Atem bist. Stell‘ Dir vor, wie es war, als Du so schnell gerannt bist. Ebenso wird auch Dein Atem anders sein, wenn Du aufgeregt bist, müde, traurig, aufgekratzt, heiter, außer Rand und Band etc.

So ist es auch hilfreich, den Atem zu benutzen, um zur Ruhe zu kommen, um nicht vor Nervosität so außer Puste zu sein, daß Du keinen Satz mehr herausbekommst.

Gegen Lampenfieber: Atme stets tief *aus* und *ein,* aus und ein etc. – mehrmals lange aus und lange ein. Nicht in die Schultern hinein, sondern Bauchatmung! Lege die Hände auf Deinen Bauch und spüre, wie der Atem aus- und einströmt, ohne ihn zu zwingen. Übe dieses Atmen in entspannter Atmosphäre oft und intensiv, um Deinen Atem im Streßfall dahingehend beeinflussen zu können.

So, das wären erstmal die „Tricks“, die mir so bekannt und bewußt sind, und vielleicht sind sie Dir ja da und dort hilfreich! Jedenfalls viel Spaß beim Theaterspielen, und vielleicht erzählst Du mir dann einmal Dein Geheimnis...

BERUHIGEN, ABSCHALTEN, LOSLASSEN

Spannungen abbauen – 1. Teil

Nach einer Veranstaltung oder nach einer Probe sind die Gedanken sehr aktiv und aufgekratzt. Wir können uns danach schwer wieder ganz entspannen und abschalten. Die nachfolgenden Übungen sollen helfen, Spannungen abzubauen und Ihre Gedanken zur Ruhe zu bringen, den Körper und die Gedanken zu entspannen. Finden Sie dabei immer Ihren eigenen Rhythmus.

Hören Sie auf Ihren Körper. Gewöhnen Sie sich an sanfte Bewegungen. Die Übungsabfolge wird in drei Abschnitte aufgeteilt: Vorbereitungsübungen, Übungsteil und Entspannungsteil.

1. Vorbereitungsübungen

A) Abschalten (bis zu 5 Minuten)

Dehnen Sie den ganzen Körper. Zuerst knien Sie auf allen Vieren. Dann atmen Sie aus und strecken Ihren Po in die Höhe. Sie stehen dabei auf den Zehen. Nun gehen Sie mit den Füßen auf den Boden (Sie stehen jetzt nicht mehr auf den Zehen). Strecken Sie ihr Rückgrat in Richtung Hüfte. Entspannen Sie dabei Ihren Nacken und Ihre Schultern. Der Kopf ist in einer Linie mit Ihrem Rückgrat. Strecken Sie dabei den Rücken, die Finger, die Arme. Sanfte Dehnung, atmen Sie, entspannen Sie. Halten Sie diese Stellung 1 Minute.

B) Strecken Sie sich nach vorne

Sie stehen gerade vor einem Stuhl, strecken dann Ihren Oberkörper zuerst nach oben, dann in Richtung Armlehne und strecken dann den Körper und die Arme gerade nach vorne. Bleiben Sie in dieser Position für eine Minute. Nehmen Sie ein Kissen als Unterlage. Atmen Sie weiter, entspannen Sie. Wenden Sie niemals Gewalt an, forcieren Sie nichts.

C) Dehnen Sie sich nach unten

Atmen Sie tief aus, beugen Sie sich nach unten, mit gestreckten Beinen. Entspannen Sie den Nacken, lassen Sie Ihre Hände hinter den Füßen liegen, entspannen Sie den Rücken. Halten Sie die Position für 1 – 2 Minuten.

2. Übungsteil *(bis zu 15 Minuten)*

A) Unterschenkel dehnen

Im Sitzen, ein Bein ist so weit wie möglich angewinkelt, das andere gestreckt. Mit geradem Rücken lehnen Sie sich nach vorne, und nehmen Sie den rechten Fuß mit der linken Hand. Entspannen Sie dabei Schultern und Nacken. Jedes Bein für 1 Minute.

B) In derselben Position atmen Sie aus, und legen Sie Ihren *Körper auf Ihren Oberschenkel.*

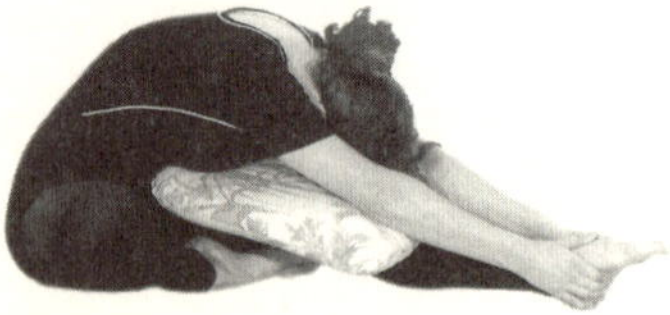

Nehmen Sie ein Kissen als Unterlage. Während des Ausatmens dehnen Sie, leicht wie eine Feder. Nicht wippen. Jedes Bein 1 Minute.

C) Nun strecken Sie beide Beine nach vorne, und legen Sie Ihren *Oberkörper auf die Oberschenkel.*

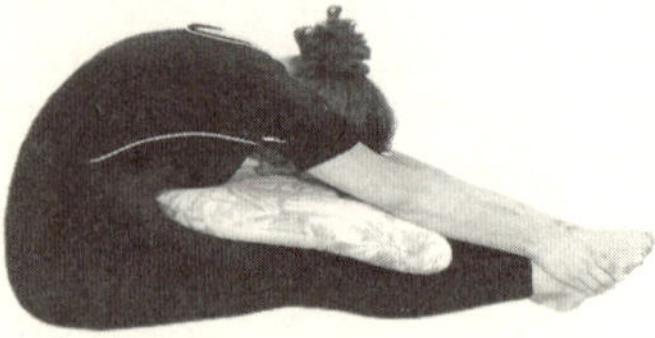

Strecken Sie Ihren Nacken, Ihr Rückgrat. Nehmen Sie ein großes Kissen als Unterlage. Ihre Hände liegen vor dem Körper. 1 Minute.

D) Innenseite der Oberschenkel

Sie sitzen am Boden. Öffnen Sie die Beine. Von der Hüfte ausgehend, strecken Sie sich nach vorne. Die Füße sollen weiterhin nach außen zeigen. Nehmen Sie ein Kissen als Unterlage zwischen die Beine. Es nützt dem Rückgrat nichts, nur den Kopf auf den Boden zu bringen. Zuerst muß das Rückgrat gedehnt werden. Atmen Sie aus, lassen Sie los, ihre Schultern sind entspannt, entspannen Sie den ganzen Körper. Ihr Körper ist wie eine Puppe. 1 Minute.

E) Sanfte Bauchdehnung

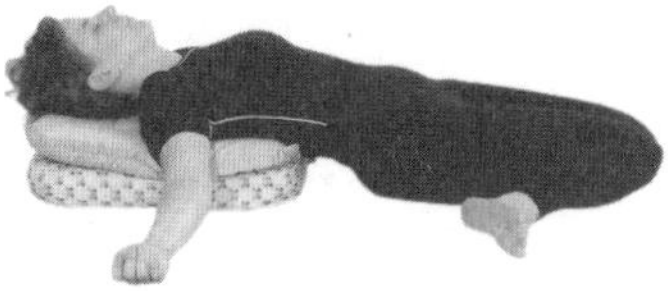

Sie sitzen zwischen ihren Füßen, der Po ist am Boden. Halten Sie die Knie beieinander. Nun legen Sie sich auf den Rücken. Nehmen Sie Kissen als Unterlage. Wie eine Feder rastet ihr Körper am Boden, die Arme liegen links und rechts. 3 – 5 Minuten.

F) Hüftdehnung

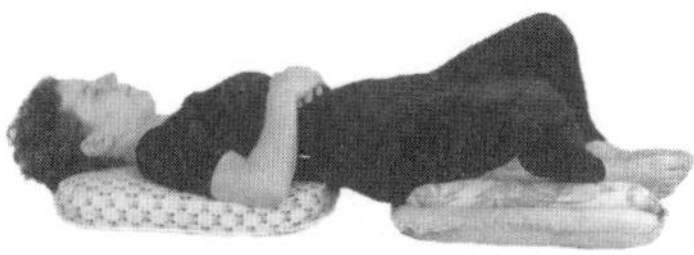

Liegen Sie auf dem Rücken (nehmen Sie Kissen als Unterlage), die Füße sind angezogen und liegen auf Kissen. Öffnen Sie die Oberschenkel und dehnen Sie so die Hüfte Die Oberschenkel kommen dabei langsam in Richtung Boden. Wenn die Knie tiefer als die Füße kommen, entfernen Sie die Kissen und entspannen Sie nochmals. Lassen Sie sich in den Boden sinken.

Vergleichen Sie sich bei diesen Übungen nie mit anderen – die Dehnbarkeit der Hüfte zum Beispiel ist größtenteils genetisch bedingt. 3 – 5Minuten.

G) Kerze (siehe Abb. „Spannungen abbauen – die Kerze“)

Kissen liegen an der Wand, ihr Po liegt auf den Kissen. Ihre

Schultern und Ihr Kopf liegen entspannt am Boden. Entspannen Sie vor allem Nacken und Schultern. Die Beine sind nach oben gestreckt. Das Blut kann dadurch leicht in den Kopf fließen und das Gehirn sich somit leichter entspannen. Halten Sie diese Position für 5 Minuten.

3. Entspannungsteil

Atmen Sie tief

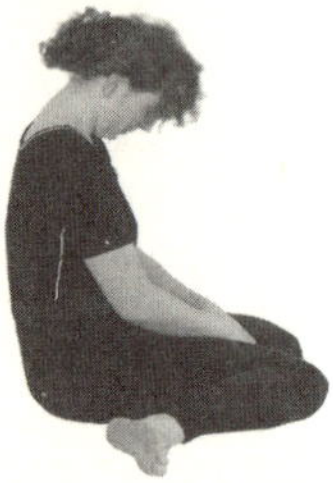

Sitzen Sie auf dem Boden, zwischen Ihren Füßen. Sie können es sich bequemer machen und unter Ihren Po ein Kissen schieben. Halten Sie sich gerade. Ihre Schultern sind entspannt. Ihr Gewicht ist gleichmäßig auf beide Pobacken verteilt. Ihre Hände ruhen in Ihrem Schoß. Ihr Rückgrat und Ihr Nacken sind langgestreckt, entspannen Sie ihr Gesicht, schließen Sie die Augen.

Ihre Schultern kommen beim Ausatmen tiefer. Verlängern Sie die Ausatmungsphase schrittweise. Während Sie ihren Körper entspannen, beruhigen Sie auch Ihren Geist. Meditieren Sie während dieser Übungen. Nehmen Sie einen Bibelvers und wiederholen Sie ihn innerlich immer wieder, langsam. Oder nehmen Sie eine Zeile aus einem Gebet, aus einem Lied oder auch nur ein Wort und wiederholen Sie es langsam wieder und wieder. Lassen Sie Bilder in sich entstehen. Nehmen Sie nur Sätze, die Sie aufbauen, die Sie entspannen, z. B. der Satz: „Der Herr ist mein Hirte, mir wird nichts mangeln". Wiederholen Sie diesen Satz so lange, bis Sie innerlich loslassen können und daran glauben.

Um dieses Programm etwas abwechslungsreicher zu gestalten, hier noch eine zweite Übungsabfolge:

Spannungen abbauen – 2. Teil

Wenn wir angespannt sind, ist es hilfreich, uns vor der Entspannung zu strecken und zu dehnen, um Spannungen abzubauen. Wenn Sie müde sind und nur ein Kurzprogramm absolvieren wollen, beginnen Sie gleich mit Übung Nummer 6. Machen Sie dafür die einzelnen Übungseinheiten länger.

1. Vorbereitungsübungen (bis zu 15 Minuten)

Abb. 1

A) Im Stehen nach oben strecken (Abbildung 1)

Während Sie atmen, strecken Sie sich nach oben. Fühlen Sie, wie Ihr Brustkorb sich öffnet. Die Arme sind etwas hinter dem Kopf, solange die Hände zusammen sind. Strecken Sie Ihre Arme, atmen Sie aus. 30 – 60 Sekunden.

B) Schultern entspannen (Abbildung 2a)

Nehmen Sie Ihren linken Arm hinter Ihren Rücken. Nehmen Sie den Ellbogen Ihres linken Armes in Ihre rechte Hand, ziehen Sie dann Ellbogen nach unten.

Abb. 2a

(Abbildung 2b)

Nehmen Sie den rechten Ellbogen hinter den Rücken, die Hand liegt dabei auf dem Rücken. Ziehen Sie mit der linken Hand den Ellbogen hinein.

(Abbildung 2c)

Nun können Sie versuchen die beiden Arme hinter dem Rücken zu finden. Der rechte Arm ist hinter Ihrem Rücken, wie soeben beschrieben. Der linke Arm kommt von oben und versucht die rechte Hand zu erreichen.

Abb. 2b

(Abbildung 2d)

Halten Sie 30 – 60 Sekunden für jede Seite.

C) Seitwärts dehnen
(Abbildung 3, s. S. 174)

Abb. 2c

Stehen Sie gerade, die Beine ca. einen Meter auseinander, strecken Sie Ihre Arme auf Schulterhöhe zur Seite. Strecken Sie Ihr Rückrat vom Steißbein aufwärts. Drehen Sie Ihren rechten Fuß auswärts, Ihren linken Fuß etwas einwärts. Gehen Sie mit der linken Hand zum Boden, hinter den Fuß. Ihre Hüfte geht dabei automatisch nach rechts. Bleiben Sie mit der Hand auf dem Boden. Drehen Sie Ihren Körper nach oben. Ihr rechter Arm zeigt nach oben. Atmen Sie weiter. Das Gewicht bleibt

Abb. 2d

Abb. 3

auf dem hinteren Bein. Dasselbe mit der anderen Seite. Entspannen Sie das Gesicht, der Nacken wird lang. 30 – 60 Sekunden jede Seite.

D) Erweiterte Seitwärtsdehnung
(Abbildung 4)

Nun beugen Sie das Knie im rechten Winkel. Der rechte Arm wird in Verlängerung des Körpers ausgestreckt. Der Kopf bleibt in Verlängerung des Rückrades. 30 – 60 Sekunden auf jeder Seite.

Abb. 4

E) Kräftiges Dehnen nach oben
(Abbildung 5)

Sie stehen gerade, die Beine und der Körper seitwärts gedreht. Sie blicken zur Seite. Das linke Knie ist im rechten Winkel gebeugt. Von den Rippen ausgehend strecken Sie sich nach oben.

Ihre Arme strecken Sie nach oben. Beide Füße bleiben dabei auf dem Boden. Wenn Sie beweglich genug sind, blicken Sie dabei nach oben. 30 – 60 Sekunden jede Seite.

Abb. 5

F) Den Rücken lang dehnen
(Abbildung 6)

Stehen Sie gerade, ein Bein ein Meter vor dem anderen. Nun gehen Sie mit dem Oberkörper gerade nach vorne, strecken Sie die Hände nach vorne. Die Hände rasten auf der Armlehne oder an der Wand. Halten Sie diese Position für 30 – 60 Sekunden.

Abb. 6

2. Übungsteil

Abb. 7

A) Kerze (Abbildung 7)

Kissen liegen an der Wand, ihr Po liegt auf den Kissen. Ihre Schultern und Ihr Kopf liegen entspannt am Boden. Entspannen Sie vor allem Nacken und Schultern. Die Beine sind nach oben gestreckt. Das Blut kann dadurch leicht in den Kopf fließen und das Gehirn sich somit leichter entspannen. Halten Sie diese Position bis zu 5 Minuten.

Abb. 8

B) Ausdehnen (Abbildung 8)

Sie liegen auf dem Rücken. Stellen Sie einen Stuhl gleich vor Ihre Schultern. Gehen Sie von der Kerze aus (ohne Kissen). Legen Sie nun die Beine hinter sich auf den Stuhl ab. Ihr unterer Rücken sollte dabei gerade bleiben. Das Gesicht, der Hals bleiben entspannt. Die Hände liegen oberhalb des Kopfes. Die Schultern liegen auf einem schmalen Kissen, um den Nacken zu entlasten. Die Schultern liegen daher etwas höher als der Nacken. Halten Sie diese Position bis zu 5 Minuten.

3. Entspannungsteil

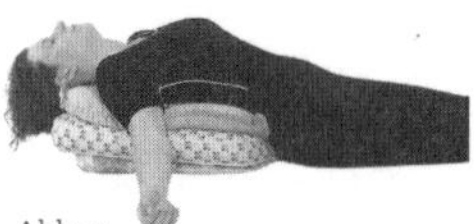

Abb. 9

Atmen (Abbildung 9)

Liegen Sie auf dem Rücken, von der Hüfte aufwärts auf Kissen erhöht. Die Arme liegen seitwärts, zur Seite gestreckt. Der Kopf kann auch noch auf einem weiteren Kissen etwas höher liegen. Lassen Sie die Beine und den unteren Teil des Körpers in den Boden sinken. Entspannen Sie Schultern und Arme. Halten Sie diese Position bis zu 5 Minuten.

WIE MODERIERE ICH DEN ABEND?

Vorstellung, Einführung eines Theaterabends, eines vortragenden Künstlers oder eines Gastredners

Immer wieder erlebt man in Gemeinden oder evangelistischen Veranstaltungen, wie ein gutes Programm durch eine schlechte Einführung zunichte gemacht wird. Der beste Redner kann das Publikum nicht gewinnen, wenn er als „Bruder Alfred, der uns sicher auch viel über Gott erzählt“ vorgestellt wird. Als Schauspieler, die auch viel in christlichen Kreisen arbeiten, erleben wir leider oft „Horrorpräsentationen“. Die nachfolgenden Punkte sollen Veranstaltern eine Hilfe sein – sozusagen als „präventive Medizin“.

Prinzipiell gilt:

Der Phantasie sind keine Grenzen gesetzt. Einiges sollte man als Moderator aber unbedingt vermeiden...

Grundsätzlich: Die einführende Rede, die Vorstellung führt das Publikum und den Vortragenden zueinander, schafft Atmosphäre und läßt Anteilnahme auf beiden Seiten entstehen.

Einführung heißt im lateinischen introducere = in das Innere des Themas einführen: Warum geht es gerade um *dieses* Thema? Der Zuhörer soll neugierig werden. Folgende praktische Schritte können dem Moderator eine Hilfe sein:

- Zuerst Tatsachen zusammentragen. Ist mir das Thema des Abends, die Formulierung genau bekannt? Vermeiden Sie es aber, vorzugreifen und das zu sagen, was das Stück oder der Redner sagen will!
- Lassen Sie die Katze nicht aus dem Sack! („In unserem heutigen Vortag ‚Eheprobleme lösen‘ wird uns Bruder Alfred sicher auch viel über Gott erzählen...“ oder „Wir haben heute zu unserem Jugendtreffen einen lustigen Clown eingeladen, ich bin sicher, ihr werdet sehr viel lachen!“)
- Lustige Szenen oder Abende dürfen in der Regel nicht als „lustig“ angekündigt werden...
- Warum ist das gewählte Thema für die Zuhörer von besonderem Interesse? (Versuchen Sie, das direkt vom Sprecher oder vom Schauspieler zu erfahren – er weiß es am besten.)

1. *Durch Fragen Neugier wecken.*

Fragen rufen die Aufmerksamkeit Ihrer Hörer wach. Laden Sie die Zuhörer ein, zu aktiven Teilnehmern zu werden.

Drei Vorschläge:

1. Eine *rhetorische Frage* ist eine Frage, auf die der Redner keine Antwort erwartet. Dieses Stilmittel wird oft benutzt.
2. Sie können zu jedem Thema und zu jeder Frage, die Sie in einem Treffen erörtern wollen, eine *Quizfrage* formulieren, um das Denken anzuregen. Bitten Sie, über diese Frage kurz mit ihrem Sitznachbarn zu diskutieren (max. zwei Minuten).
3. *Der heutige Tag.* Nutzen Sie „Zufälliges". Manche gelungene Einführung ist auf zufälligen Umständen aufgebaut, auf die ich hinweise. („Wissen Sie, was genau heute vor drei Jahren in dieser Stadt passiert ist?") Es gibt praktische Nachschlagewerke, denen wir entnehmen können, was vor 10 oder 100 Jahren geschehen ist. Dieses Stilmittel paßt natürlich nur, wenn die Frage mit dem Thema des Abends zusammenhängt.
   Wenn der Schauspieler oder Redner unbekannt ist, erwähnen Sie Qualifikation und Qualitäten. Es ist sinnvoll, nur den höchsten akademischen Grad zu nennen und auf das größte Werk seines Lebens hinzuweisen. Achten Sie auf die genaue Aussprache des Namens.

2. *Die Reihenfolge in der Einführung.*

Hier kann Ihnen die T – I – R - Regel eine große Hilfe sein:

Was ist die T– I – R - Regel?

Thema: Beginnen Sie die Einführung, indem Sie das genaue Thema nennen

Interesse (Identifikation):
Schlagen Sie eine Brücke zwischen dem Thema und den speziellen Interessen des Zuhörers

Redner oder Schauspieler:
Qualitäten des Vortragenden anführen, besonders diejenigen, die sich auf das Thema beziehen

Folgende Punkte gilt es noch prinzipiell zu bedenken:

- Als Moderator sind Sie ein Diener des Schauspielers oder Redners. Beeindrucken Sie also nicht durch Ihre eigenen (oft gut gemeinten) Kenntnisse des Themas, Ihre persönliche Meinung oder Ihre langjährige Freundschaft zum Schauspieler.
- Keine abwertende Bemerkung, keine Entschuldigungen. (Faustregel einer Laudatio: Sie dürfen heute nur Gutes über diesen Menschen sagen!)
- Auch als „Duz-Freund" den Vor- und Nachnamen sowie den Titel des Vortragenden benutzen.
- Verzichten Sie auf „Herr" oder „Frau".
- Lernen Sie nie eine Einführung *auswendig,* aber...
- Lesen Sie eine Einführung *nie vom Blatt,* sondern...
- überlegen Sie vorher genau, *was* Sie sagen wollen und vor allem *in welcher Reihenfolge.* Die richtige Reihenfolge bestimmt wesentlich die Qualität einer Einführung.
- Eine gute Vorbereitung nimmt uns nicht unsere Spontaneität, sondern sie macht uns souverän und sicher.
- Weisen Sie keinesfalls auf das Ziel des Abends hin, festgeformte Meinungen anzugreifen. Ihre Zuhörer oder Gesprächspartner reagieren mit Abwehr und schalten ab.
- Fassen Sie sich kurz (kaum länger als eine Minute reden).
- Vermeiden Sie Klischees („Ich habe das außerordentliche Vergnügen..." oder „Es ist mir eine hohe Ehre...").
- Vermeiden Sie allegemeine Aussagen („Er ist sehr bekannt und ein Fachmann auf seinem Gebiet").

In der *klassischen Einführung* bei großen Veranstaltungen wird:

- der *Name* des Vortragenden ganz am *Schluß* genannt. Dies steigert die Spannung (Namen lösen Applaus aus).
- Es wird eine *kurze Pause* vor dem *Vor- und Nachnamen* des Vortragenden gemacht (quasi als Vorbereitung für den Applaus).
- Wenn Sie den Namen des Vortragenden aussprechen, *bleiben Sie mit dem Blick bei den Zuhörern* (d. h. bei den hinteren Reihen). Wenden Sie sich erst zum Redner, *nachdem* Sie die letzte Silbe seines Namens deutlich ausgesprochen haben.

- Das Wie Ihrer Einführung ist mindestens so wichtig wie das Was.
- Seien Sie nicht nur freundlich und brav, sondern beschäftigen Sie sich selbst mit dem Thema oder dem Vortragenden und finden Sie etwas, das Sie persönlich *fasziniert* oder *begeistert.* Nur so sind Sie auch locker, herzlich, und spontan.
- Bemühen Sie sich um *Stimmigkeit,* d. h. um Übereinstimmung mit der *Gesamtsituation,* dem *Ziel,* und der *Verfassung der Zuhörer.*

Nun zwei praktische Beispiele von Präsentationen eines Gastreferenten. Zuerst das „Antibeispiel“:

1. Variante

Heute abend beginnen wir die erste Vortragsreihe dieses Winters mit Herrn Magister Ludwig Weger von der Firma Telecom Austria. (großer Applaus) Der Reihe des letzten Winters war, wie Sie alle wissen, kein Erfolg beschieden. Wir haben tatsächlich am Ende des Vereinsjahres mit einem Defizit abgeschlossen. So folgen wir in diesem Jahr einer neuen Linie und versuchen es einmal mit billigeren Vortragenden – die aber keinesfalls schlechter sind, wie sie heute abend sehen werden. Herr Ludwig Weger wird heute abend über das Telefonieren in Österreich reden.

In meiner langjährigen Freundschaft mit Ludwig konnte ich immer wieder erkennen, daß er ein echter Fachmann auf seinem Gebiet ist – dem Gebiet seines Themas. Ich werde aber nun keine große Einführungsrede halten sondern den Fachmann gleich zu Wort bitten.

Wir sind auch begierig von Dir, lieber Ludwig zu hören, weil Du aus großer Entfernung – dazu noch unentgeltlich – zu uns gekommen bist. Es ist mir eine große Freude, Sie nun bekanntzumachen mit Herrn Magister Ludwig Weger von der Telecom Austria. (kurzer, zögernder Applaus)

Lieber Ludwig, ich bitte Dich nun um Dein Referat... (Stille)

2. Variante

Weshalb erwischt man oft eine falsche Nummer? Weshalb geht es manchmal rascher, eine Verbindung von Wien nach

New York zustandezubringen, als von meinem neusten Handy zu meinem Nachbarn hinter dem Hügel? Was ist ein „Datennetz"? Wie bekomme ich mit meinem Telefon Zugang zum größten Datennetz der Welt? Unser Gast wird uns heute abend alle diese Fragen beantworten können.

Er wird uns aber auch einen Schritt weiterführen. Seit zwanzig Jahren ist es sein Beruf, alle nur denkbaren Innovationen zum Thema Telefon zu sammeln, zu verarbeiten und anderen Menschen verständlich zu erklären. Er ist leitender Angestellter der Telecom Austria. Er wird heute abend darüber sprechen, welche Stellung Telecom Austria in unserem alltäglichen Leben eingenommen hat. Vieles ist nicht mehr wegzudenken. Er wird uns heute aufzeigen, welche vielfältigen Möglichkeiten und technischen Errungenschaften uns in naher Zukunft die Tür zur weiten Welt öffnen werden. Meine Damen und Herren, es spricht zu Ihnen der Vizepräsident der Telecom Austria – Magister – Ludwig – Weger.

(großer Applaus)

Sie sehen, eine gute Präsentation läßt sich einfach aufbauen und vortragen, wenn man nur die Regeln kennt...

Erwartungen des Publikums

Welche Erwartung hat eigentlich ein Zuhörer oder Zuschauer an uns?

Jeder Zuhörer fragt sich: „Was bringt mir das?" So hat jeder Zuhörer *bewußte* und *unbewußte* Erwartungen.

Meine *bewußten* Erwartungen ergeben sich aus dem Vorwissen über die Veranstaltung.

Im Zweifelsfalle ist es immer besser, Ihre Zuhörer wissen genau, worüber heute geredet wird. Dabei darf der Moderator aber zu Beginn keine Antworten oder Lösungen vorwegnehmen.

Unbewußte Erwartungen sind:

1. Man soll mich nicht langweilen.
2. Man soll mich aktiv einbeziehen, ich will mitdenken, nicht passiv „berieselt" werden. Ich möchte persönlich angesprochen werden.

3. Man soll inhaltlich, sprachlich und akustisch folgen können.
4. Man soll mein Selbstwertgefühl nicht angreifen.
5. Man soll meine Fragen, Einwände und Zweifel ernst nehmen.

Beziehung aufbauen

Noch ein paar Worte zu unserer Beziehung zum Publikum:

Auf der Beziehungsebene geschieht Entscheidendes – sie ist im Zweifelsfall die wichtigste Ebene!

Die innere Einstellung, die wir unserem Publikum (unserem Gesprächspartner) gegenüber haben, teilt sich vor allem *ohne Worte* mit, durch Körpersprache, Tonfall, Betonung, Pausen usw. Die Menschen *spüren* Ihre Einstellung, noch ehe Sie den Mund zum ersten Mal aufgemacht haben.

In der Regel gilt, daß Ihnen das Publikum zunächst einmal freundlich gesinnt ist. Je krampfhafter jemand versucht, einen guten Eindruck zu machen, desto mehr ist seine Energie nach innen gerichtet. Die Gefahr ist groß, daß er die Leute gar nicht erreicht.

Laden Sie Ihre Zuhörer ein, zu aktiven Teilnehmern zu werden.

Auf die Anwesenden einzugehen ist immer interessant. Jeder fühlt sich persönlich angesprochen.

Je mehr Angst wir vor dem Publikum haben, desto bedrohlicher wirkt das Publikum auf uns, denn wir schaffen uns unsere Wirklichkeit bis zu einem gewissen Grade selbst. Wenn Sie annehmen, die Leute wollten Ihnen „Böses", dann senden Sie selbst negative Signale aus, die Ihr Publikum langsam, aber sicher feindselig werden lassen.

Die Sprache Kanaans

Noch ein paar Worte zu unserer *Wortwahl,* zu unserem Wortschatz. Es ist eine Aufgabe der Liebe, ein normales, bürgerliches Deutsch zu sprechen, bei der Wortwahl eher den kirchendistanzierten Besucher vor sich zu sehen. Dies gilt für einen Moderator genauso wie für einen Referenten oder einen Prediger...

Dabei gilt:
- alles vermeiden, was das Verstehen erschwert
- alles vermeiden, was vom Verstehen ablenkt
- alles vermeiden, was nur Insidern bekannt ist

Seien Sie echt und zeigen Sie die Realität, nicht den Wunschtraum! Sprechen Sie zeitgemäß, profan und trotzdem seriös!

Zeitgemäß: Die Sprache soll heute verstanden werden können.

Profan (lat. pro fatum = außerhalb des geweihten Ortes): Die Sprache soll von jedermann verstanden werden können.

Unser Zuhörer müssen sich bei unserer Sprache und unserer Wortwahl wohlfühlen.

Auch wenn Ihre Zuhörer mit der „Sprache Kanaans“ vertraut sind, müssen Sie aus missionarischen und sachlichen Gründen trotzdem darauf verzichten. „Sprache Kanaans“ ist ein Spottname für eine besondere Ausdrucksweise gewisser frommer Leute, die sich's im „gelobten Land“ ihrer schützenden vier Wände wohlsein lassen.

Hier einige Beispiele der Sprache Kanaans:

Segne uns nun durch Deinen Diener, unseren Knecht...
Gott hat ihn dahingegeben...
Wir sind ein böses Gemächte...
Gott war mit diesem Mann...
Es ist Gott ein Kleines...
Solange wir hier wallen...
...vor seinem Angesicht
Unsere Hoffnung ist dahin...
Der Herr hat Gnade dazu gegeben...
...kund werden lassen
...das er uns darreicht
Wir sündigen mannigfaltig...
Er hat die Welt liebgewonnen...
Er ist uns geoffenbart...
Wir haben einen Erretter... (Sprechen Sie einfach vom Retter)
Laßt es uns tun, damit es Gott wohlgefällt...
Er hat alles wohlgemacht...

Wir wollen ihm etwas sein...
Wir sind allzumal Sünder...
Gott läßt uns mitnichten fallen...
Satan darf uns nimmermehr anklagen...
Ich habe einen Dienst...
in Christo...
Das ist so auf Erden... (Warum nicht „auf der Erde"?)
Die Gaben, die uns Gott beschert hat... (Warum nicht „gegeben"?)
Bruder, wollen Sie uns bitte ins Gebet leiten! (Sagen Sie einfach: „Beten Sie mit uns" oder „Sprechen Sie mit uns das Eingangsgebet".)
Wir sind ein kleines Häuflein in XY...
Er ist an XY schuldig geworden...
Seit es Gemeinde Jesu gibt...
Unser Wandel soll ein Zeugnis sein... (Warum nicht „bezeugen" oder „widerspiegeln"?)
Sie sehen das irdisch...
Das ist die Verheißung... (Warum nicht „Zusage"?)
Ich wünsche Ihnen viel Frucht...
Ich wünsche Ihnen viel Segen...(In der Bibel wird Segen „zugesprochen", nicht gewünscht.)
Wir wünschen Ihnen ein behütetes Nachhausekommen!
Wir bitten, daß noch viele herzukommen...
Und wir beten für die Geschwister, die darniederliegen...
Der Chor dient nun mit dem Lied...
Wir sollen ins Gebet gehen...
Mit 15 Jahren habe ich den Herrn aufgenommen und mich übergeben...
Wir sollen das Wort ausleben...
Ich habe ein Wort bekommen...
Wer sich gedrungen fühlt, der...
Da sind wir auf die Knie gegangen...
Dieses Textwort sagt uns...
Nun wollen wir stille werden...
Bruder Müller ist heimgegangen...
Salbe seine Lippen...
Wir wollen den Bruder vor Gott hinlegen...

Beispiele für interpretationsbedürftige Fachbegriffe:

Gott, Jesus, Heiliger Geist, Bibel, Schöpfung, Geschöpflichkeit, Sünde, Gnade, Opfertod, Werk Christi, Leiden Christi, Bekehrung, Wiedergeburt, Vergebung, Erlösung, Versöhnung, Retter, Freiheit, Wahrheit, Lobpreis, Freude, Friede, Geistesgaben, Wiederkunft, Führung, Gebetserhörung usw.

Vielleicht sind sie an diesem Abend nicht Moderator, sondern Redner...

Dieses Thema gehört nicht zu den Aufgaben meines Buches. Dafür gibt es sehr gute Fachliteratur, die Ihnen vieles Nützliches weitergeben kann. Hier nur ein paar nützliche Tips:

1. Je weniger Reden Sie in der Vergangenheit bereits vorbereitet haben, desto hilfreicher sind Schemata und Tips.
2. Keine Regel ohne Ausnahme. Gute Reden folgen nicht immer einem bekannten Schema. Trotzdem:
3. Fast alle ausgezeichneten Redner folgen irgendeinem Schema.
4. Leute, die Schemata kategorisch ablehnen, sind in der Regel zu faul, um ihre Reden sauber vorzubereiten.
5. Zwar lehnen einige brillante Redner ein solches Schema ab, nicht aber die Notwendigkeit, sich sauber vorzubereiten!

   Nicht die Information an sich, sondern die Art der Informationsvermittlung ist ausschlaggebend, ob es dem Empfänger leicht- oder schwerfällt, die Informationen zu verstehen oder sich zu merken.

   Wenn man den Sender nicht versteht, ist nicht der Empfänger schuld. Der Redner ist verantwortlich für seine Botschaft.

   Wenn die Problemstellung klar im Raum steht, sind die Hörer auch an Lösungsvorschlägen interessiert.

   Es gibt Menschen, deren lange Sätze immer noch klarer sind als die kurzen Sätze anderer.

   Die meisten angeblichen Rhetorik-Probleme sind gar keine. Entweder es mangelt an Vorbereitung oder an detaillierter Strukturierung der Rede.

   Eine gute Vorbereitung nimmt uns *nicht* unsere Spontaneität, sondern sie macht uns souverän und sicher.

BEWAHRE DEIN HERZ
Die Ethik des Schauspielers

„Mehr als auf alles andere achte auf deine Gedanken, denn sie bestimmen dein Leben“, heißt es in Sprüche 4, 23. Andere Übersetzungen dieses Verses beginnen mit den Worten: „Bewahre dein Herz...“

Da der Schauspieler immer mit Emotionen zu tun hat, strömen alle möglichen Kräfte auf ihn ein. Er wird immer wieder mit Zweifel und Stolz konfrontiert werden. Das ständige „Sich-Produzieren“ verdirbt auch. Der englische Schriftsteller Oscar Wilde hat einmal gesagt: „Der Schauspieler ist entweder eine Schaubudenfigur oder ein Schöpfer, entweder ein Priester oder ein Hofnarr.“ Werden Sie keine Hofnarren. Wir müssen uns nicht jeder Theater-Mode anpassen. Ich höre zwar auf die Meinung von Kennern, aber ich muß mich dem Zeitgeist nicht unterordnen.

Werden sie zum Schöpfer, indem Sie neue Szenen und Figuren erschaffen. Indem Sie sich in Ihre Figur einfühlen, werden Sie auch wohlwollender zu Ihrer Umgebung.

In all den Zweifeln, die auf Sie einströmen, ist es wichtig, nach dem „Wozu“ zu fragen. Wozu möchten Sie Schauspieler werden? Wozu möchten Sie sich auf der Bühne „produzieren“? Wenn Sie Ihr „Wozu“ genau definiert haben, wird das Ihr Motor. Wenn das „Wozu“ von egoistischer Natur ist, werden Sie sich zum Sklaven der Bühne und der Anerkennung machen.

Was ist die *Basis* all meines Tuns? In seinem Bestseller „Seven principles of highly effective people“ schlägt Stephen Covey vor, sich sein eigenes Begräbnis ganz bildlich vorzustellen: Wie man in seinem Sarg liegt, welche Grabreden gehalten werden etc. Man soll sich genau vorstellen, was jeder einzelne sagen wird. Welche Sätze wünsche ich mir, wenn Menschen, die mich kennen, am meinem Grab über mich sprechen? Ich glaube, daß diese Übung uns helfen kann, unsere Lebensziele aus der Perspektive der Ewigkeit zu betrachten – und entsprechend zu ändern.

Wenn wir vor Menschen echt sein wollen, müssen wir erst einmal vor Gott echt sein und uns seinem Wort als seinem Spiegel stellen. In Sacharja 4, 6 heißt es: „Nicht durch Macht, nicht durch Kraft, sondern durch meinen Geist soll es geschehen.“ Immer wieder müssen wir uns daran erinnern, alles dem Geist Gottes unterzuordnen.

Zuerst können wir in die Ruhe, in die Rast eintreten. Basis meines Tuns ist das vollbrachte Werk: Nicht ich muß es vollbringen, sondern Christus in mir. Es ist wichtig, daß ich unter Gottes Schutz sitze, auch wenn ich arbeite. Ich vertraue darauf, daß Christus in mir arbeiten möchte. Ich kann nur das Feuer in anderen anzünden, das selber in mir brennt – das gilt auf der Bühne wie im Leben. Gott möchte, daß mein Herz in der Gnade Gottes gefestigt ist.

Bisherige Veröffentlichungen von Eva-Maria Admiral:

— Buch: „Mach bloß keine Szene“, Aussaat Verlag
— Buch: „Vorhang auf!“, Bundes-Verlag
— Video: „Nichts ist umsonst“ — Theaterszenen, Projektion J / Schulte & Gerth
— Video: „Eine Frage der Perspektive“ — Theaterszenen, Projektion J / Schulte & Gerth
— Video: „Große Erwartungen“ — Theaterszenen, Projektion J / Schulte & Gerth
— CD: „Erst mal Entspannen“ — Entspannungs-CD mit Text und Musik, Schulte & Gerth
— **Neu:** Buch: „Zeit finden für mich“, Brunnen Verlag

Wenn Sie Szenen, Theaterabende oder ein Seminar mit uns organisieren möchten, wenden Sie Sich bitte rechtzeitig an uns!

E-Mail: info@admiral-wehrlin.de
Homepage: www.admiral-wehrlin.de

Mag. Eva-Maria & Eric Admiral-Wehrlin
Amselstraße 6
A-5302 Henndorf bei Salzburg
Fax & Tel: 0043 (0) 6214 - 78 63
Mobil: 0043 (0) 664 - 57 60 997
oder Mobil-Tel: 0049 - (0) 171 - 16 36 233
E-Mail: info@admiral-wehrlin.de
oder: admiral-wehrlin@gmx.de

Literatur

Aus diesen Quellen konnten wir für dieses Buch schöpfen. Nicht alle dieser Bücher können wir empfehlen. Manche bergen nur ein paar gute Sätze in sich. Begutachten Sie deshalb diese Bücher sorgfältig, bevor Sie zugreifen. Es sind auch einige seltsame Theorien darunter.

Admiral, Eva-Maria: Große Erwartungen. Video 1996
P.J. Verlag, Wiesbaden

Admiral, Eva-Maria: Alles eine Frage der Perspektive. Video 1998
P.J. Verlag (in Zusammenarbeit mit dem Verlag Schulte & Gerth, Aßlar)

Admiral, Eva-Maria: Mach bloß keine Szene
Aussaat Verlag, Neukirchen-Vluyn 1998

Balser-Eberle, Vera: Sprechtechnisches Übungsbuch
ÖBV Pädagogischer Verlag, Wien 1998

Birkenbihl, Vera F: Rhetorik
Urania Verlag, Berlin 1997

Coblenzer, Horst: Erfolgreich sprechen
ÖBV Pädagogischer Verlag, Wien 1994

Coblenzer, Muhar: Atem und Stimme
ÖBV Pädagogischer Verlag, Wien 1976

Covey Steven R.: The seven habits of highly effective People
New York 1989
(Deutsche Ausgabe: Die sieben Wege zur Effektivität, Wilhelm Heyne Verlag, München 1996)

Die Bibel im heutigen Deutsch
Deutsche Bibelgesellschaft, Stuttgart 1982

Dieterich, Michael: Wir brauchen Entspannung
Brunnen-Verlag, Gießen 1989

Ebert, Gerhard: Improvisation und Schauspielkunst
Henschel Verlag, Berlin 1989

Hybels, Bill: Aufbruch zur Stille
P.J. Verlag, Wiesbaden 1992

Johnstone, Keith: Improvisation und Theater
Alexander Wewerke Verlag, Berlin 1979

Mason, John: 52 Mal So wirst Du Optimist
Verlag Schulte & Gerth, Aßlar 1996
Rellstab, Felix: Sprechtechnik, Übungen
Stutz + Co. KG, Wädenswil 1991
Rellstab, Felix: Stanislavski Buch
Stutz + Co. KG, Wädenswil 1980
Reusch, Fritz: Der kleine Hey, Die Kunst des Sprechens
Schott Musik International, Mainz 1956
Schultz von Thun, Friedemann: Miteinander Reden
Rowohlt-Taschenbuch Verlag, Reinbeck 1998
Schimpf, Monika: Selbstheilung
borgman publishing GmbH, Dortmund 1997
Simhandl, Peter: Stanislavski Lesebuch
Rainer Bohn Verlag, Berlin 1990
Stoop, David: Der Perfektionist in mir
Verlag der Francke Buchhandlung, Marburg 1991
Stanislawki, Konstantin: Die Arbeit des Schauspielers an sich selbst
Henschel Verlag, Berlin 1996
Strasberg, Lee: Schauspielerseminar
Bochum 1978
Strasberg, Lee: The actors Studio
New York 1965
Strasberg, Lee: Schauspielen und das Training des Schauspielers
Alexander Wewerke Verlag, Berlin, 1988
Tschechow, Michael: Werkgeheimnisse der Schauspielkunst
Werner Classen Verlag, Zürich 1992
Wagner, Eberhard: Rhetorik in der christlichen Gemeinde
Christliches Verlagshaus, Stuttgart 1992
Willow Creek Theaterkatalog & Theaterstücke
P.J. Verlag in Zusammenarbeit mit dem
Verlag Schulte & Gerth, Wiesbaden 1997

Wir danken unserem Verleger. Er hat den Mut, mit diesem Buch ein Thema aufzugreifen, das bisher ein Schattendasein geführt hat.